秋葉　裕一
石井　道子
中村　采女
Wolfgang Schlecht

ideal

2. Auflage

例文で学ぶドイツ語文法　改訂版

ASAHI Verlag

音声ストリーミング

 教科書の音声は下記よりストリーミングで視聴いただけます。

https://text.asahipress.com/free/german/ideal-2/

音声ダウンロード

 音声再生アプリ「リスニング・トレーナー」

朝日出版社開発の無料アプリ、「リスニング・トレーナー（リストレ）」を使えば、教科書の音声をスマホ、タブレットに簡単にダウンロードできます。
どうぞご活用ください。

まずは「リストレ」アプリをダウンロード

≫ **App Store**はこちら　　　　≫ **Google Play**はこちら

▼ アプリ【リスニング・トレーナー】の使い方

① アプリを開き、「**コンテンツを追加**」をタップ

② QR コードをカメラで読み込む　

③ QR コードが読み取れない場合は、画面上部に　**25425**　を入力し
　　「**Done**」をタップします

別冊付録「88 Verben」

 学習をサポートする、スマートフォン用電子教材を
ご用意しております。

まえがき

◆ 本書はドイツ語の初級文法をはじめて学ぶ方々のために作られました. 初級文法の習得によってドイツ語を「使える」ようにすることが、本書のめざすところです. そのために、各課は以下のような構成を取っています.

- 「対話 Dialog」をとおして日常の具体的なドイツ語表現に触れる
- 「演習 Übung」によって文法項目が理解できたかどうかを確認する

◆ 全体は20課から成り、各課の冒頭に「対話 Dialog」が置かれています. 必ずしも「対話 Dialog」から始める必要はありません. どの課にも日本語訳を付けた例文が多数収められています. 11課までの例文には空欄を配しました. 学習者は、授業を受けながら、空欄のある例文には必要な語を書き込むことによって、アクティブに文法項目を学んでいきます. すべてのドイツ語例文にネイティブスピーカーの音声が付いています.

◆ ドイツ語技能検定試験（＝独検. 年2回実施）の要求する文法項目には、本書9課までが独検4級に、20課までが独検3級に対応します.

◆ 4つの「読みもの Lesetext」をとおしてドイツ語圏の社会、文化、歴史の一端を知ることができます.

◆ それぞれの課で扱われているテーマや事項については、写真やイラスト、出版社のオンライン・サービスによる映像が理解を助けてくれるはずです.

◆ 別冊の付録「88 Verben」には、使用頻度の高い動詞の情報が収められています. テキスト本文と行き来しながら、それぞれの動詞の使い方を実感してください.

◆ 編著者4名は教育現場での体験をもとに、ドイツ語の初級文法を学ぶために必要不可欠な項目は何か、討議を重ねてきました. 学習者は、最初の1課、2課を学んだだけで、じつに多くの表現ができることに驚かれることでしょう. 本書が広く深いドイツ語の世界への案内役を果たすことができれば、編著者一同の願いは叶えられたことになります.

改訂にあたり、西口拓子氏にご協力いただきました.

2020年1月

秋葉裕一
石井道子
中村采女
ヴォルフガング・シュレヒト

目 次

ドイツ語圏略地図 （ □ はドイツ語使用地域）

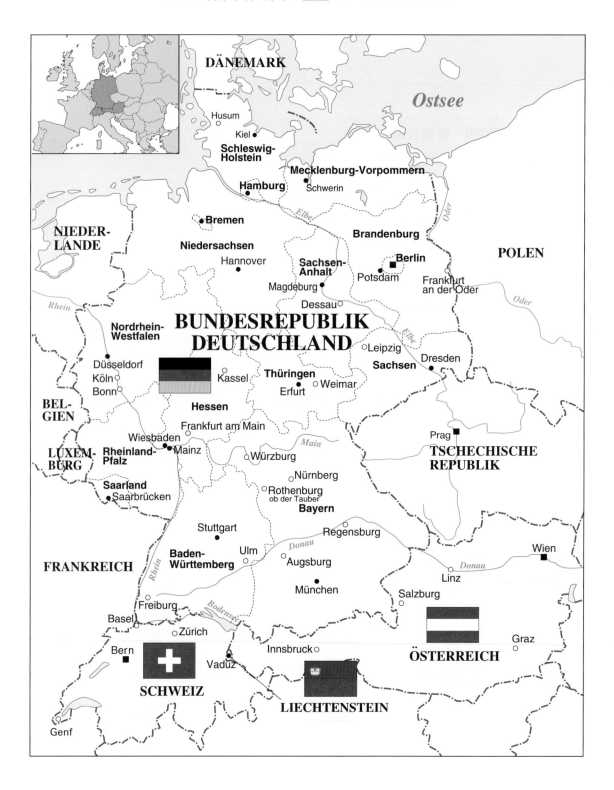

Das Alphabet

A	a	$\mathcal{A}$	a	aː	Q	q	Q	q	kuː
B	b	$\mathcal{B}$	b	beː	R	r	R	r	ɛr
C	c	C	c	t͡seː	S	s	S	s	ɛs
D	d	D	d	deː	T	t	T	t	teː
E	e	$\mathcal{E}$	e	eː	U	u	U	u	uː
F	f	F	f	ɛf	V	v	V	v	faʊ
G	g	$\mathcal{G}$	g	geː	W	w	W	w	veː
H	h	H	h	haː	X	x	X	x	ɪks
I	i	J	i	iː	Y	y	Y	y	ýpsilɔn
J	j	J	j	jɔt	Z	z	Z	z	t͡sɛt
K	k	K	k	kaː					
L	l	L	l	ɛl	Ä	ä	$\ddot{\mathcal{A}}$	$\ddot{a}$	ɛː
M	m	$\mathcal{M}$	m	ɛm	Ö	ö	$\ddot{O}$	$\ddot{o}$	øː
N	n	N	n	ɛn	Ü	ü	$\ddot{U}$	$\ddot{u}$	yː
O	o	O	o	oː					
P	p	P	p	peː		ß		β	ɛst͡sɛt

v

昔のドイツ文字

■ アルファベット

𝕬𝕭𝕮𝕯𝕰𝕱𝕲𝕳𝕴𝕵𝕶𝕷𝕸𝕹𝕺𝕻𝕼𝕽𝕾𝕿𝖀𝖁𝖂𝖃𝖄𝖅
𝖆𝖇𝖈𝖉𝖊𝖋𝖌𝖍𝖎𝖏𝖐𝖑𝖒𝖓𝖔𝖕𝖖𝖗𝖘𝖙𝖚𝖛𝖜𝖝𝖞𝖟

■ ゲーテ「野ばら」*Heidenröslein* の一節

Sah ein Knab' ein Röslein stehn
Röslein auf der Heiden …

Sah ein Knab' ein Röslein stehn
Röslein auf der Heiden …

■ 野ばら／シューベルト自筆譜

https://ja.wikipedia.org/wiki/野ばら#/media/File:Heidenröslein_Franz_Schubert_1815.jpg

Lektion 1　発　音

1 ドイツ語であいさつしよう.

1-3

Guten Tag!　　　　　　Guten Morgen!　　　　　Danke!

Hallo!　　　　　　　　Guten Abend!　　　　　　Bitte!

　　　　　　　　　　　Gute Nacht!

Auf Wiedersehen!

Tschüs!

2 綴りと発音

1.　ローマ字式に読む（アクセントと母音の長短に注意）

1-4

a	[aː]	Name	*name*		haben	*have*
	[a]	Mann	*man, husband*		alt	*old*
e	[eː] [ə]	leben	*live*		geben	*give*
	[ɛ] [ə]	essen	*eat*		elf	*eleven*
i	[iː]	Titel	*title*		Kino	*movie theater*
	[I]	bitte	*please*		Film	*film*
o	[oː]	Dom	*cathedral*		Brot	*bread*
	[ɔ]	Bonn	*Bonn*		Post	*post office, mail*
u	[uː]	gut	*good*		Blume	*flower*
	[ʊ]	null	*zero*		Durst	*thirst*

2.

au	[aʊ]	Haus	*house*		Frau	*woman, wife*
ie	[iː]	Brief	*letter*		fliegen	*fly*
ei	[aI]	Eis	*ice, ice cream*		nein	*no*
eu / äu	[ɔY]	heute	*today*		Euro	*Euro*
		Bäume	*trees*			

3.　発音しない **h**　　Bahn　*railway*　　　　gehen　*go*

4.　変母音 **ä ö ü**

ä	[ɛː] [ɛ]	Tränen	*tears*		Kälte	*cold*
ö	[øː] [œ]	hören	*hear*		können	*can*
ü	[yː] [Y]	müde	*tired*		fünf	*five*

1

5. rの母音化（音節末の-rとアクセントのない音節末の-er）

[r]	Bier	*beer*	er	*he*
[ər]	aber	*but*	Mutter	*mother*

6.

j	[j]	Japan	*Japan*	ja	*yes*
s（母音の前で）[z]		sieben	*seven*	Rose	*rose*
v	[f]	Vater	*father*	viel	*much, many*
w	[v]	Wein	*wine*	wohnen	*live*
z	[ts]	Zeit	*time*	Zimmer	*room*

7.

ch（a / o / u / auの後のch）[x]

machen	*make, do*	Tochter	*daughter*
Buch	*book*	auch	*also*

ch（上記以外のch）[ç]

ich	*I*	Mädchen	*girl*

chs / x [ks]

sechs	*six*	Fuchs	*fox*
Taxi	*taxi*		

8.

ss / ß（短音の後でss, 長音の後でß）[s]

dass	*that*	wissen	*know*
Fuß	*foot*	groß	*big, great*

sch	[ʃ]	schlafen	*sleep*	Tasche	*bag*
sp-	[ʃp]	spielen	*play*	Sport	*sport[s]*
st-	[ʃt]	Student	*[university] student*	stehen	*stand*
tsch	[tʃ]	Deutsch	*German*	tschüs	*good bye*

	tz / ts / ds [ts]		jetzt	*now*	sitzen	*sit*
			nichts	*nothing*	abends	*in the evening*
9.	**-b**	[p]	halb	*half*	Herbst	*autumn*
	-d	[t]	Geld	*money*	Kind	*child*
	-g	[k]	Tag	*day*	Weg	*way*
10.	**dt**	[t]	Stadt	*city*		
11.	**-ig**	[iç]	fleißig	*diligent*	fünfzig	*fifty*
	-ng	[ŋ]	jung	*young*	lang	*long*
12.	**pf**	[pf]	Apfel	*apple*	Kopf	*head*
	qu	[kv]	Quittung	*receipt*	Qualität	*quality*

aa、ee、ooは長音となる
Haar [haːr] *hair*
Tee [teː] *tea*
Boot [boːt] *boat*

1 eins	2 zwei	3 drei	4 vier	5 fünf

6 sechs	7 sieben	8 acht	9 neun	10 zehn

11 elf	12 zwölf	13 dreizehn	14 vierzehn	15 fünfzehn
16 sechzehn	17 siebzehn	18 achtzehn	19 neunzehn	20 zwanzig

ABC-Lied

A B C D E F G H I J K L M N O P

Q R S T U V W   Q R S T U V W

X Y Z oh weh, das hier ist das gan-ze A B C!

A, B, C, D, E, F, G,
H, I, J, K, L, M, N, O, P,
Q, R, S, T, U, V, W,
Q, R, S, T, U, V, W,
X, Y, Z, oh weh,
das hier ist das ganze ABC!

Dialog 1

1-7

A: Wie heißen Sie?
B: Ich heiße Takuya Mori.
A: Woher kommen Sie, Herr Mori?
B: Ich komme aus Japan.
A: Wo wohnen Sie?
B: Ich wohne hier in Hamburg.

Dialog 2

1-8

A: Was studierst du, Anna?
B: Ich studiere Maschinenbau.
A: Was macht Peter?
B: Er arbeitet.
A: Wohnt ihr hier in München?
B: Ja, in Schwabing.

Maschinenbau 　機械工学
Schwabing
　　シュヴァービング．ミュンヘンの一地区

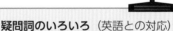
疑問詞のいろいろ （英語との対応）

wo	= *where* 英		was	= *what* 英
woher	= *where + from* 英		wie	= *how* 英
wohin	= *where + to* 英		wann	= *when* 英
wer	= *who* 英		warum	= *why* 英

ミュンヘン工科大学

ハンブルク

ドイツの教育制度

1 主語になる人称代名詞

	単　数	複　数
1人称	ich 私は	wir 私たちは
2人称親称	du 君は	ihr 君たちは
2人称敬称	Sie あなたは	Sie あなたがたは
3人称	er 彼は / sie 彼女は / es それは	sie 彼らは/それらは

＊敬称の2人称のSieは常に<S>を大文字で書く.
＊英語のIと違ってich は文中では小文字で書く.

2 動詞の人称変化

動詞の不定詞：　　　語幹　＋　en　　　　lernen 学ぶ

定動詞：　　　　　　語幹　＋　人称語尾　　Ich lerne Deutsch. 私はドイツ語を学ぶ.

＊辞書の見出し語は不定詞.　例 lernen
＊定動詞とは人称変化をした動詞のこと.

ich	-e	wir	-en
du	-st	ihr	-t
Sie	-en	Sie	-en
er			
sie	-t	sie	-en
es			

1-9

1人称単数	Ich trinke Kaffee.	私はコーヒーを飲む.
2人称単数	Was machst du heute?	きょう何をしますか？
3人称単数	Er fliegt morgen nach Wien.	彼はあしたウィーンへ飛行機で行く.
1人称複数	Wir spielen gern Tennis.	私たちはテニスをするのが好きです.
2人称複数	Was macht ihr heute?	君たちはきょう何をしますか？
3人称複数	Woher kommen sie?	彼らの出身地はどこですか？
敬称の2人称	Wie lange bleiben Sie in Japan?	いつまで [あなたは／あなたがたは] 日本にご滞在ですか？

＊敬称の2人称のSieは単数も複数もともに、3人称複数のsieが転用されたもの.

1-10

3 人称語尾に注意する動詞

1) **語幹が -t, -dなどに終わる場合：du –est / er –et / ihr –et**

arbeiten	Wo arbeitest du?	どこで君は働いているの？
finden	Hans findet Japanisch schwer.	ハンスは日本語を難しいと思っている.

2) **語幹が -s, -ss, -ß, -z などに終わる場合：　du –t**

heißen	Wie heißt du?	君の名前は何というの？

4 動詞の位置

1-11

1） 平叙文および疑問詞を持つ疑問文では、定動詞は文成分として２番目に位置する.

ユーリアはいま日本語を学んでいる.

Julia lernt jetzt Japanisch.

Jetzt lernt Julia Japanisch.

Japanisch lernt Julia jetzt.

何をユーリアはいま学んでいるの？

Was lernt Julia jetzt?

> ～さん（英語との対応）
> Herr = *Mr.* 英
> Frau = *Ms.* 英

2） 疑問詞のない疑問文では、定動詞は文頭に位置する.

Trinken Sie gern Wein?　あなたはワインを飲むのが好きですか？

5 ja, nein, doch　ドイツ語の「はい」と「いいえ」

1-12

1） ja / nein で答える場合

A: Arbeiten Sie morgen?　　　　　あした仕事をしますか？

B: Ja, morgen arbeite ich.　　　　ええ、あしたは仕事をします.

A: Wohnt Frau Röder in Bremen?　レーダーさんはブレーメンに住んでいますか？

B: Nein, sie wohnt in Berlin.　　　いいえ、彼女はベルリンに住んでいます.

2） doch / nein で答える場合

A: Wohnt Herr Krüger nicht in Zürich?　クリューガーさんはチューリヒに住んでいないのですか？

B: Doch, er wohnt in Zürich.　　　いいえ、彼はチューリヒに住んでいますよ.

A: Kommen Anton und Eva heute nicht?　アントンとエーファはきょう来ませんか？

B: Nein, sie kommen heute nicht.　　ええ、きょう来ません.

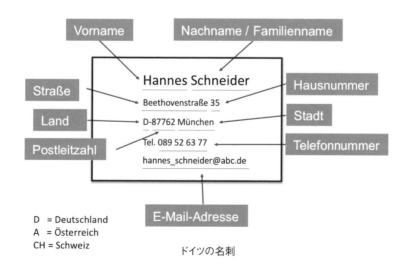

> Vorname
>
> Nachname / Familienname
>
> **Hannes Schneider**
>
> Straße
>
> Hausnummer
>
> Beethovenstraße 35
>
> Land
>
> D-87762 München
>
> Stadt
>
> Postleitzahl
>
> Tel. 089 52 63 77
>
> Telefonnummer
>
> hannes_schneider@abc.de
>
> E-Mail-Adresse
>
> D = Deutschland
> A = Österreich
> CH = Schweiz

ドイツの名刺

1-13 🔊 Übung 1　和訳し、主語をカッコ内のものにして言いかえよう.

1. <u>Wir</u> trinken Tee.　（私は，彼らは）

2. <u>Ich</u> spiele gern Fußball.　（君は，ゲーオルクは Georg）

3. <u>Er</u> geht jetzt nach Hause.　（私は，ハンスとエーファは Hans und Eva）

4. Wie lange bleiben <u>Sie</u> in Berlin?　（君は，マリーアは Maria）

5. Fliegt <u>Herr Neumann</u> oft nach Japan?　（ノイマンさん＜女性＞は，君は）

6. Wo arbeiten <u>Sie</u>?　（君は，君たちは）

7. Findest <u>du</u> Deutsch schwer?　（あなたがたは，君たちは）

8. Wohin reisen <u>Sie</u>?　（君は，彼は）

1-14 🔊 Übung 2　語句を選び補おう.

aus Japan　　in Deutschland　　Japanisch

1. A: Was lernst du jetzt?
   B: Jetzt lerne ich (　　　　　　　).

2. A: Wo lebt Eva?
   B: Sie lebt (　　　　　　　).

3. A: Woher kommst du?
   B: Ich komme (　　　　　　　).

1-15 🔊 Übung 3　ja, nein, doch を補おう.

1. A: Spielen Sie Tennis?
   B: ＿＿＿＿＿, ich spiele Tennis.

2. A: Kommt Hans heute nicht?
   B: ＿＿＿＿＿, er kommt heute.

3. A: Kommt Eva heute nicht?
   B: ＿＿＿＿＿, sie kommt heute nicht.

Dialog 1

1-16

A: Bist du Japaner?

B: Nein, ich bin Koreaner.

A: Was machst du hier in Deutschland?

B: Ich studiere in Weimar Architektur.

A: Und wer ist das?

B: Das ist Ailin. Sie ist aus China.
Wir lernen zusammen Deutsch.

A: Habt ihr heute Unterricht?

B: Heute nicht, aber morgen.

Dialog 2

1-17

A: Wohin fährst du im Sommer?

B: Ich weiß noch nicht.
Vielleicht nach England. Was machst du?

A: Zuerst jobbe ich, dann fahre ich nach
Italien.

B: Sprichst du Italienisch?

A: Ja, ein bisschen.

 Wer ist das?　この人は誰ですか？
aber = but 英
im Sommer　夏に
noch nicht　まだ〜ない
vielleicht　もしかしたら
zuerst ..., dann ...　まず〜、それから〜
jobben　アルバイトをする
ein bisschen　少し

ワイマール　　　　　ドイツのデザイン

ワイマールのバウハウス博物館

ワイマールの街並み

1 sein（英語 be）と haben（英語 have）の現在人称変化

sein			
ich	bin	wir	sind
du	bist	ihr	seid
Sie	sind	Sie	sind
er/sie/es	ist	sie	sind

空欄に書き込みましょう.

1-18

Ich bin Student.	私は学生です.
Wie alt bist du?	君は何歳ですか？
Was sind Sie von Beruf?	あなたの職業は何ですか？
Er ist Japaner.	彼は日本人です.
Sie _____ leider nicht hier.	彼女は残念ながらここにいません.
Was _____ das?	これは何ですか？
Wir _____ Schweizer.	私たちはスイス人です.
Seid ihr morgen zu Hause?	君たちはあした家にいる？
Sie _____ jetzt in Österreich.	彼らはいまオーストリアにいる.

haben			
ich	habe	wir	haben
du	hast	ihr	habt
Sie	haben	Sie	haben
er/sie/es	hat	sie	haben

1-19

Ich habe Zeit.	私は暇があります.
Hast du heute Unterricht?	君はきょう授業がある？
Haben Sie Hunger?	あなたはおなかがすいていますか？
Er hat viel Geld.	彼はお金をたくさん持っている.
Wann _____ sie Geburtstag?	彼女の誕生日はいつですか？
Das Kind ist krank. Es _____ Fieber.	その子は具合が悪い. 熱がある.
Wir _____ morgen Besuch.	私たちはあした来客がある.
_____ ihr viel Arbeit?	君たちはたくさん仕事があるの？
Sie _____ heute Deutschunterricht.	彼らはきょうドイツ語の授業がある.

文頭は大文字で！

2 a→ä型動詞と e→i[e]型動詞

例 fahren 乗り物で行く

ich fahre	wir fahren
du **fährst**	ihr fahrt
Sie fahren	Sie fahren
er/sie/es **fährt**	sie fahren

例 helfen 助ける

ich helfe	wir helfen
du **hilfst**	ihr helft
Sie helfen	Sie helfen
er/sie/es **hilft**	sie helfen

fahren	Er fährt oft nach Berlin.	彼はよくベルリンに行く.	1-20
gefallen	Wien gefällt Nina und Kai sehr gut.	ニーナとカイはウィーンがとても気に入っている.	
laufen	Du _____ sehr schnell.	君はすごく足が速いね.	
schlafen	_____ er schon?	彼はもう寝ていますか？	
helfen	Karl _____ Frau Müller.	カールはミュラーさんを手伝う.	
essen	Isst du gern Pasta?	君はパスタ[を食べるの]が好き？	
sprechen	Monika _____ sehr gut Englisch.	モーニカは英語がとてもじょうずだ.	
geben	Sie _____ Klaus zehn Euro.	彼女はクラウスに10ユーロ渡す.	
lesen	Was liest du?	何を読んでいるの？	

音声を聞いて
答えを確認
しよう.

3 命令文

命令文の動詞は文頭に位置する.

duに対して -[e]	ihrに対して -[e]t	Sieに対して -en Sie

duに対する命令文では –eが省かれることが多い.

bitteを入れないと強い命令口調になる.

kommen	Komm bitte sofort!	すぐに来てね！	1-21
fahren	Fahr nicht so schnell!	そんなにスピードを出さないで！	
warten	Wartet hier!	ここで待っていてね！	
schlafen	Schlafen Sie gut!	おやすみなさい！	
antworten	Antworten Sie bitte!	答えてください！	

e → i[e] 型の動詞は、du に対しては du –st の人称語尾 –st をとった形になる.

sprechen	Sprich bitte langsam!	ゆっくり話してよ！
helfen	Hilf Peter!	ペーターを手伝ってあげて！

sein duに対して sei	ihrに対して seid	Sieに対して seien Sie

sein	Seien Sie bitte pünktlich!	時間通りに来てください！

Übung 1　和訳し、主語をカッコ内のものにして言いかえよう.

1. Ich bin Student / Studentin. （彼は、君は、ローザは Rosa）

2. Was ist sie von Beruf?　（あなたは、君たちは、ミヒャエルは Michael）

3. Er ist leider nicht zu Hause.　（私たちは、彼女は、彼らは）

4. Sie kommt nicht. Sie hat Fieber.　（彼は、私は、マリーアは Maria）

5. Hast du heute Zeit?　（彼は、君たちは、あなたたちは）

Übung 2　動詞を選んで適当な形になおして補い、和訳しよう.

1. fahren / gefallen / sprechen

   a) Wohin ＿＿＿＿＿＿＿＿ er?

   b) ＿＿＿＿＿＿＿＿ du Englisch?

   c) Hamburg ＿＿＿＿＿＿＿＿ Claudia und Michael sehr gut.

2. essen / geben / sehen

   a) ＿＿＿＿＿＿＿＿ du gern Pizza?

   b) Rudi ＿＿＿＿＿＿＿＿ morgen Frau Naumann.

   c) Er ＿＿＿＿＿＿＿＿ Maria zwanzig Euro.

Übung 3　カッコ内の動詞を適当な形になおして補い、和訳しよう.

1. A: ＿＿＿＿＿＿＿＿ Hans morgen nach Berlin? (fahren)

   B: Ja, er ＿＿＿＿＿＿＿＿ dort Luise. (treffen)

2. A: ＿＿＿＿＿＿＿＿ Hans auch hier? (sein)

   B: Ja, dort drüben. ＿＿＿＿＿＿＿＿ du Hans nicht? (sehen)

3. A: Was ＿＿＿＿＿＿＿＿ du später? (werden)

   B: Ich ＿＿＿＿＿＿＿＿ noch nicht. (wissen)

Übung 4　du と ihr に対する命令文にして言いかえよう.

1. Kommen Sie bitte hierher!

2. Sprechen Sie bitte laut!

werden			
ich werde		wir werden	
du wirst		ihr werdet	
Sie werden		Sie werden	
er/sie/es wird		sie werden	

wissen			
ich weiß		wir wissen	
du weißt		ihr wisst	
Sie wissen		Sie wissen	
er/sie/es weiß		sie wissen	

Dialog 1

1-26

A: Spielst du ein Instrument?

B: Ja, ich spiele Klavier. Und du?

A: Ich spiele Geige. Und jetzt lerne ich auch Flöte.

B: Wirklich? Ich habe eine Schwester. Sie spielt Cello. Machen wir doch mal ein Konzert!

A: Prima!

Dialog 2

1-27

A: Morgen fliege ich nach Paris.

B: Wie lange bleibst du dort?

A: Fünf Tage. Ich besuche eine Freundin.

B: Paris ist sicher interessant. Die Stadt hat viele Museen und Theater.

A: Ja, und natürlich Restaurants!

Machen wir doch mal ein Konzert!
　　一度演奏会をしましょう.

wirklich　本当に

prima　いいね

viele　たくさんの

Museen = s Museum の複数形

natürlich　もちろん

名詞は**性、数、格**の３つの視点で考える

１）**性**：男性名詞、女性名詞、中性名詞

２）**数**：単数、複数

３）**格**：1格、2格、3格、4格

　　　　主な役割　　1格＝主語、2格＝所有関係、3格＝間接目的語、4格＝直接目的語

冠詞も性、数、格の変化がある

ドイツ人の
休暇の過ごし方

1 名詞

男性名詞　例　Mann　　Freund　　　Wagen　　　Computer

女性名詞　例　Frau　　Freundin　　Arbeit　　　Rose

中性名詞　例　Kind　　Mädchen　　Buch　　　Bild

2 定冠詞＋名詞

	男性名詞単数	女性名詞単数	中性名詞単数
1格	der　Wagen	die　Arbeit	das　Kind
2格	des　Wagens	der　Arbeit	des　Kind[e]s
3格	dem　Wagen	der　Arbeit	dem　Kind
4格	den　Wagen	die　Arbeit	das　Kind

＊男性名詞と中性名詞の2格には –s または –es をつける.

1-28

Ist der Wagen neu?　　　　　　　　　　　　その車は新しいの？

Kennst du den Mann dort?　　　　　　　　君はあそこにいる男の人を知っていますか？

Die Arbeit ist schon fertig.　　　　　　　　その仕事はもう終わっている.

Sie gibt ＿＿＿＿ Kind Schokolade.　　　　彼女はその子にチョコレートを与える.

Siehst du ＿＿＿＿ Mädchen dort?　　　　あそこにいる女の子が見える？

Der Name ＿＿＿＿ Schülers ist Udo Becker.　その生徒の名前はウード・ベッカーです.

3 不定冠詞＋名詞

	男性名詞単数	女性名詞単数	中性名詞単数
1格	ein　Lehrer	eine　Rose	ein　Bild
2格	eines　Lehrers	einer　Rose	eines　Bild[e]s
3格	einem　Lehrer	einer　Rose	einem　Bild
4格	einen　Lehrer	eine　Rose	ein　Bild

＊男性名詞と中性名詞の2格には –s または –es をつける.

1-29

Das ist ein Notebook.　　　　　　　　　　これはノート・パソコンです.

Sie ist die Tochter eines Lehrers.　　　　　彼女は教師の娘です.

Hat er ＿＿＿＿ Wagen?　　　　　　　　彼は車を持っていますか？

Brauchen Sie ＿＿＿＿ Brille?　　　　　　あなたはメガネが必要ですか？

Sie schreibt ＿＿＿＿ Freundin in Deutschland.　彼女はドイツの友人に手紙を書く.

4 複数形

	定冠詞＋名詞の複数形	
1格	die	Kinder
2格	der	Kinder
3格	den	Kindern
4格	die	Kinder

ein Kind   Kinder

＊複数の3格には –n をつける.

Die Kinder kommen um drei Uhr.　　　　子どもたちは3時に来ます.

Ich zeige ＿＿＿＿＿＿ Kindern Fotos von Deutschland.　私はその子どもたちにドイツの写真を見せる.

`1-30`

5 複数形の5形式

		単数形	複数形
1	同尾式	Bruder	Brüder
2	-e式	Tag	Tage
3	-er式	Buch	Bücher
4	-[e]n式	Frau	Frauen
5	-s式	Auto	Autos

＊a, o, uは変音する語がある.

＊変音する語もある.

＊a, o, u, auはすべて変音する.

＊複数1格が -n または -sで終わっているときは、3格に n をつけない.

Das Zimmer hat zwei Fenster.　　　　この部屋には窓が二つある.

Eine Woche hat sieben Tage.　　　　一週間は7日である.

Ich lese gern ＿＿＿＿＿＿＿.　　　　私は本を読むのが好きだ.

Die ＿＿＿＿＿＿ dort kommen aus Japan.　あそこの女の人たちは日本から来ている.

Die ＿＿＿＿＿＿ in Berlin sind ziemlich teuer.　ベルリンのホテル代はかなり高い.

`1-31`

辞書で名詞の形を調べてみよう

Mann 男 -[e]s / Männer　→ 男性名詞　単数2格 Manns または Mannes　複数形　Männer

Mädchen 中 -s / -　　　→ 中性名詞　単数2格 Mädchens　　　　　　　複数形　Mädchen

Frau 女 - / -en　　　　→ 女性名詞　単数2格 Frau　　　　　　　　　複数形　Frauen

凡例

r 男性名詞 ／ *e* 女性名詞 ／ *s* 中性名詞 ／ *pl* 複数形

Übung 1　和訳し、カッコ内の語をつかって言いかえよう.

1.　Ist der Wagen neu? (die Tasche, das Restaurant, die Autos)

2.　Wie ist der Name der Straße? (der Lehrer, das Mädchen, die Frau)

3.　Claudia zeigt dem Ausländer den Weg. (die Ausländerin, der Tourist, die Kinder)

4.　Siehst du den Mann dort? (der Turm, die Kirche, das Hotel)

Übung 2　カッコ内の語をつかってパートナー練習をしよう.

1.　das Notebook

　A: Was ist das?

　B: Das ist ein Notebook.

　　　(der Käsekuchen, die Birne, das Foto von Deutschland)

2.　der Brief

　A: Was hast du da?

　B: Ich habe einen Brief.

　　　(der Kugelschreiber, das Buch, die Bücher)

3.　der Freund

　A: Was macht Eva gerade?

　B: Sie schreibt einem Freund in Amerika.

　　　(der Professor, die Freundin, der Onkel)

男性弱変化名詞

男性名詞に特別な変化をするものがある. 単数2格、3格、4格と複数すべての格に –[e]n の語尾がつく.

Kennen Sie Herrn Klein?

クラインさんをご存じですか？

Sie hilft dem Studenten oft.

彼女はその学生をよく手伝う.

例 Herr, Student, Tourist

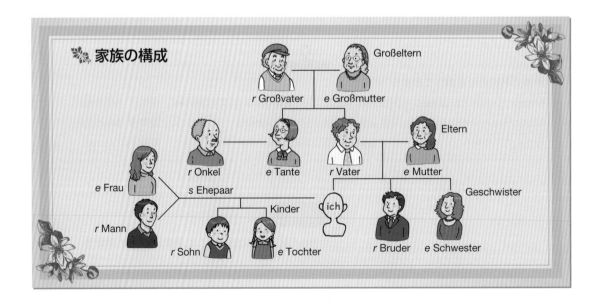

家族の構成

r Großvater　e Großmutter　Großeltern

r Onkel　e Tante　r Vater　e Mutter　Eltern

e Frau　s Ehepaar　Kinder　ich　Geschwister

r Mann　r Sohn　e Tochter　r Bruder　e Schwester

Dialog 1

1-34

A: Hast du Geschwister?

B: Ja, ich habe einen Bruder und eine Schwester.

A: Was macht dein Bruder?

B: Mein Bruder studiert in Bonn Chemie.

A: Und deine Schwester?

B: Meine Schwester ist Lehrerin. Hast du auch Geschwister?

A: Nein, ich habe leider keine Geschwister.

Dialog 2

1-35

A: Hast du am Freitag Zeit?

B: Nein, am Freitag habe ich keine Zeit.

A: Und am Samstag?

B: Samstag ist okay. Am Samstag habe ich keinen Unterricht.

A: Spielen wir Tennis?

B: Ja, sehr gern. Das passt gut. Ich habe bis Montag keine Hausaufgaben.

| leider | 残念ながら |
| gut passen | 都合がよい |

---

1 名詞と人称代名詞

1-36

男性名詞	Wann kommt der Zug? 列車はいつ来ますか？	—	Er kommt gleich. すぐ来ます.
女性名詞	Wo ist die Zeitung? 新聞はどこですか？	—	Sie liegt dort drüben. 向こうにあります.
中性名詞	Wie heißt das Mädchen? その女の子は何という名前？	—	Es heißt Michaela. ミヒャエーラです.
複　数	Was kosten die Schuhe? その靴はいくらですか？	—	Sie kosten sechzig Euro. 60ユーロです.

ドイツ人の
週末の過ごし方

2 人称代名詞の格変化

| | 単　数 | | | | | | 複　数 | | | |
	1人称	2人称	3人称				1人称	2人称	3人称	
1格	ich	du	Sie	er	sie	es	wir	ihr	Sie	sie
3格	mir	dir	Ihnen	ihm	ihr	ihm	uns	euch	Ihnen	ihnen
4格	mich	dich	Sie	ihn	sie	es	uns	euch	Sie	sie

1-37

Gibst du mir bitte das Salz?	お塩を取ってくれる？
Bringst du _____ nach Hause?	私を家まで送ってくれる？
Ich helfe dir gern.	君の手伝いをしてあげるよ.
Ich liebe _____.	私は君を愛しています.
Das Haus gehört uns nicht.	この家は私たちの持家ではありません.
Ich danke _____ ganz herzlich.	私はあなたに心から感謝します.
Ich höre Sie nicht gut.	あなたの声がよく聞こえません.
Vielleicht besuche ich euch im Sommer.	もしかしたら夏に君たちを訪ねるかもしれません.
Die Tasche gehört _____.	そのカバンは彼のものだ.
Ich kenne _____ schon lange.	私は彼をずっと前から知っている.
Der Rock gefällt _____ sehr gut.	そのスカートを彼女はとても気に入っている.
Das Kind hat eine Puppe. Sie gefällt ihm sehr.	その子は人形を持っている. その子はそれがとても気に入っている.
Hast du das Buch? Ich brauche es.	君はその本を持っている？ 私はそれが必要なんだ.
Ich glaube ihnen nicht.	私は彼らの言うことを信じない.
Kennst du Herrn und Frau Baumgarten? Ich treffe sie morgen Abend.	バウムガルテンさん夫妻を知っている？ 彼らとあしたの晩に会うんだ.

3 dieser型の冠詞類

dieser この　　　welcher どの　　　jeder どの…も (単数のみ)　　　solcher そのような

＊定冠詞der に似た変化をする. 定冠詞類ともいう.

	男性名詞単数	女性名詞単数	中性名詞単数	複　数
1格	dieser Mann	diese Frau	dieses Kind	diese Leute
2格	dieses Mann[e]s	dieser Frau	dieses Kind[e]s	dieser Leute
3格	diesem Mann	dieser Frau	diesem Kind	diesen Leuten
4格	diesen Mann	diese Frau	dieses Kind	diese Leute

1-38

Dieser Wagen fährt ziemlich schnell.	この車はけっこう速い.
Kennst du dies_____ Mann?	この男の人を知っている？
Er gibt jed_____ Kind ein Geschenk.	彼はどの子にもプレゼントをあげる.
Welch_____ Tasche gehört Ihnen?	どのバッグがあなたのものですか？
Der Vater dies_____ Kindes ist Japaner.	この子の父親は日本人だ.
Solch_____ Schuhe habe ich auch.	そういう靴をぼくも持っている.

ここは語尾だけ

4 mein型の冠詞類

所有冠詞	mein 私の	dein 君の	Ihr あなたの／あなたがたの
	sein 彼の	ihr 彼女の	sein それの
	unser 私たちの	euer 君たちの	ihr 彼らの、それらの
否定冠詞	kein ～でない		

＊不定冠詞einに似た変化をする．不定冠詞類ともいう．

	男性名詞単数	女性名詞単数	中性名詞単数	複　　数
1格	mein　　Vater	meine　Mutter	mein　　　Zimmer	meine　Kinder
2格	meines　Vaters	meiner　Mutter	meines　Zimmers	meiner　Kinder
3格	meinem　Vater	meiner　Mutter	meinem　Zimmer	meinen Kindern
4格	meinen　Vater	meine　Mutter	mein　　　Zimmer	meine　Kinder

Mein Vater arbeitet bei VW.　　　　　　　私の父はフォルクスワーゲン社に勤めている．　　　**1-39**

Weißt du seine Adresse?　　　　　　　　　君は彼の住所を知っていますか？

Wo wohnen .... Eltern?　　　　　　君の両親はどこに住んでいるの？

Schenken Sie das Buch .... Tochter?　その本を[あなたの]娘さんに贈るのですか？

Kennst du uns[e]ren Lehrer?　　　　　　　君は私たちの先生を知っていますか？

Sie schickt .... Sohn ein Paket.　　　彼女は息子に荷物を送る．

Ich habe kein Geld.　　　　　　　　　　　私はお金がない．

Wir haben .... Kinder.　　　　　　　うちには子どもがいません．

5 基数　　　　　　　　　　　　　　　　　　　　　　　　　　　　　　　**1-40**

0	null							
1	eins			21	einundzwanzig			
2	zwei			22	zweiundzwanzig			
3	drei	13	dreizehn	23	dreiundzwanzig			
4	vier	14	vierzehn	24	vierundzwanzig	40	vierzig
5	fünf	15	fünfzehn	25	fünfundzwanzig	50	fünfzig
6	sechs	16	sechzehn	26	sechsundzwanzig	60	sechzig
7	sieben	17	siebzehn	27	siebenundzwanzig	70	siebzig
8	acht	18	achtzehn	28	achtundzwanzig	80	achtzig
9	neun	19	neunzehn	29	neunundzwanzig	90	neunzig
10	zehn	20	zwanzig	30	dreißig		
11	elf						
12	zwölf						

100	hundert	1 000	tausend	1 000 000	eine Million
		10 000	zehntausend		
		100 000	hunderttausend		

Ich bin 18 (achtzehn).　　　　　私は18歳です．

100 (hundert) Cent sind ein Euro.　100セントは１ユーロです．

1-41 Übung 1　代名詞を補い、和訳しよう.

1. Wo ist die Haltestelle? – ＿＿＿＿＿＿＿ ist dort drüben.
2. Was kostet der Computer? – ＿＿＿＿＿＿＿ kostet achthundert Euro.
3. Wann kommen die Gäste? – ＿＿＿＿＿＿＿ kommen morgen.
4. Wie alt ist das Kind? – ＿＿＿＿＿＿＿ ist fünf.

1-42 Übung 2　下線の語句をカッコ内のものにして言いかえよう.

1. Kennst du diesen Film?（この本、この町）
2. Mein Bruder arbeitet bei BMW.（私たちの息子、彼のガールフレンド）
3. Schenken Sie die Blumen Ihrer Frau?（彼女のお母さん、あなたの両親）
4. Wir haben keine Zeit.（お金がない、授業がない）

1-43 Übung 3　和訳し、下線部を代名詞にして言いかえよう.

1. Ich liebe Hans.
2. Bringst du Maria nach Hause?
3. Gehört dieses Buch dem Studenten?
4. Diese Studentin hilft meinen Kindern oft.
5. Mein Mann und ich schwimmen gern.

曜日

月曜日	Montag	火曜日	Dienstag
水曜日	Mittwoch	木曜日	Donnerstag
金曜日	Freitag	土曜日	Samstag
日曜日	Sonntag		

月曜日に　am Montag

＊曜日は男性名詞

Dialog 1

1-44

A: Wann beginnen die Sommerferien?

B: Am Samstag.

A: Und wann fährst du ab?

B: Am Sonntag.

A: Wann kommst du wieder zurück?

B: Ende August oder Anfang September.

Dialog 2

1-45

A: Guten Tag, Frau Meier! Wie geht es Ihnen?

B: Danke, gut. Und Ihnen, Herr Krämer?

A: Danke, auch gut.

B: Heute ist es sehr schön.

A: Ja, aber morgen regnet es vielleicht.

B: Ach, wie schade.

 Ach, wie schade.
　　　　　それは残念ですね.

ドイツの夏

1 分離動詞

| ab-, an-, auf-, ein-, vor- など | の前つづりを持つ動詞.

例 Der Zug kommt pünktlich an.　列車は定刻に到着する.

不定詞　ankommen　　アクセントの位置　ánkommen

1-46

abfahren
Der Bus ＿＿＿＿＿ gleich ＿＿＿＿＿.　　　　　　バスはすぐに発車します.

anfangen
Wann ＿＿＿＿＿ die Ferien ＿＿＿＿＿?　　　　　休み(複数形)はいつ始まりますか?

anrufen
Ich ＿＿＿＿＿ dich heute Abend ＿＿＿＿＿.　　　今晩電話するね.

aufstehen
Wann ＿＿＿＿＿ du am Sonntag immer ＿＿＿＿＿?　日曜日はいつも何時に起きる?

einkaufen
Wir ＿＿＿＿＿ meistens im Supermarkt ＿＿＿＿＿.　私たちはたいていスーパーで買い物をする.

fernsehen
Meine Mutter ＿＿＿＿＿ oft ＿＿＿＿＿.　　　　　母はよくテレビを見る.

vorstellen
Ich ＿＿＿＿＿ dir meine Freundin ＿＿＿＿＿.　　　ぼくの彼女を紹介するよ.

2 非分離動詞

| be-, ent-, er-, ge-, ver- など | の前つづりを持つ動詞.

例 Er bekommt ein Stipendium.　　彼は奨学金をもらっている.

不定詞　bekommen　　アクセントの位置　bekómmen

1-47

entschuldigen
＿＿＿＿＿ Sie bitte, wo ist die Toilette?　　すみませんが、トイレはどこですか?

erklären
＿＿＿＿＿ du mir das bitte noch einmal?　　それをもう一度説明してくれる?

gefallen
Dieses T-Shirt ＿＿＿＿＿ mir sehr gut.　　　このTシャツはとても気に入っている.

vergessen
＿＿＿＿＿ Sie Ihr Wörterbuch nicht!　　　辞書を忘れないでくださいね!

3 非人称のes

esのみを主語として用いる動詞を、非人称動詞という.

1) 自然現象　es regnet, es schneitなど

Hoffentlich regnet es morgen nicht!	あした雨が降らないといいのだけれど！
Heute ist es ziemlich heiß.	きょうはかなり暑い.
Im Januar ist es hier sehr kalt.	当地は1月は非常に寒い.

2) es gibt + 4格

Gibt es hier eine Bank?	このあたりに銀行はありますか？
Wo gibt es hier bitte eine Toilette?	トイレはどちらにありますか？

程度の副詞

sehr	とても
ziemlich	かなり
etwas	いくぶん
ein bisschen	少しばかり

3) es geht + 3格

A: Wie geht es Ihnen?	A: お元気ですか？
B: Danke, es geht mir gut. Und Ihnen?	B: おかげさまで、元気です. あなたはいかがですか？

4 不定代名詞man

manは不特定の人をあらわす. 3人称単数1格である.

例　Spricht man in Österreich Deutsch?　オーストリアではドイツ語を話すのですか？

manとder Mann（男、夫）は意味が違う. スペルにも注意.

In Deutschland trinkt man viel Bier.	ドイツではビールをたくさん飲む.

Übung 1　例にならって文をつくり、和訳しよう.

例　Ich (einladen) Sie.　→　Ich lade Sie ein. あなたを招待します.

1. Herr Keller (ankommen) am Freitag in Narita.
2. Ich (einkaufen) meistens am Samstag.
3. Wann (aufstehen) Ihr Sohn morgens immer?
4. (anrufen) Sie mich bitte noch einmal!
5. Unsere Kinder (fernsehen) jeden Abend.
6. Das Konzert (anfangen) um sieben Uhr.
7. Ich (vorstellen) dir meine Eltern.

Übung 2　例にならって文をつくり、和訳しよう.

例　Diese Brille (gefallen) mir sehr gut.　→　Diese Brille gefällt mir sehr gut.

この眼鏡はとても気に入っている.

1.　Wir (bekommen) heute Abend Besuch.

2.　(entschuldigen) Sie bitte, wo ist das Rathaus?

3.　(vergessen) dein Wörterbuch nicht!

Übung 3　問い 1 〜 4 の応答にふさわしい文を a 〜 d から選びなさい.

1.　Wie ist das Wetter?　　　　　a.　Dort drüben.

2.　Wann schneit es hier meistens?　b.　Danke, gut.

3.　Wo gibt es hier eine Post?　　　c.　Nicht so gut. Es regnet.

4.　Wie geht es dir?　　　　　　d.　Im Januar und im Februar.

Lesetext　**Martin und Lisa**

　　Martin wohnt in Stuttgart. Er arbeitet bei Daimler-Benz. Er hat immer viel Arbeit, aber im August nimmt er Urlaub. Er fliegt zusammen mit Lisa nach Thailand. Lisa ist Martins Freundin. Sie ist Lehrerin, und im Sommer hat sie Ferien.

　　Martin macht viel Sport: Er spielt Tennis, er schwimmt, er taucht ... Lisa liest gern. Sie spricht ein bisschen Thailändisch und isst gern asiatisch.

Urlaub nehmen　休暇をとる　／　Ferien *pl*　学校などの長期休暇　／　tauchen　潜水する

月と四季

月

Januar　Februar　März　April　Mai　Juni
Juli　August　September　Oktober
November　Dezember

　　1月に　　　　im Januar
　　2月初めに　Anfang Februar
　　3月末に　　Ende März

四季

Frühling　Sommer　Herbst　Winter

　　冬に　　　　im Winter

＊月と四季はすべて男性名詞

雪景色

Dialog 1

A: Weißt du, ob Angela heute kommt?

B: Ich glaube nicht, dass sie kommt.
Sie hat morgen eine Prüfung.

A: Und Peter?

B: Wenn er Zeit hat, kommt er sicher.

A: Und Sabine, kommt sie auch?

B: Nachmittags hat sie eine Vorlesung, aber
danach hat sie Zeit.

1-54

Dialog 2

A: Wie lange wohnen Sie schon in Köln?

B: Seit drei Jahren.

A: Und wo arbeiten Sie?

B: Ich arbeite bei einer Bank.

A: Fahren Sie immer mit dem Wagen zur Arbeit?

B: Nein, ich fahre meistens mit dem Bus.
Aber manchmal gehe ich auch zu Fuß.
Das ist gut für die Gesundheit.

1-55

meistens　manchmal

danach　その後に
zu Fuß gehen　徒歩で行く
e Gesundheit　健康

ケルン

通勤・通学の様子

1 並列の接続詞

| und, aber, oder, denn, sondern | 定動詞の位置への影響はない. |

例　Mein Vater ist Ingenieur **und** meine Mutter ist Ärztin.　父はエンジニアで、母は医者です.
　　　主文　　　　　　　　　　　　　　主文

1-56

Heute habe ich eine Vorlesung und ein Seminar,　きょうは講義とゼミがありますが、あしたは授業がない.
aber morgen habe ich keinen Unterricht.

Kochen wir etwas, oder essen wir im Restaurant?　何か作る？それとも外食する？

Hanna kommt heute nicht, denn sie ist erkältet.　ハンナはきょうは来ないよ、風邪をひいているからね.

Er ist nicht Student, sondern er arbeitet.　　　彼は学生ではありませんよ、社会人なんです.

2 従属の接続詞と副文

| dass, weil, ob, wenn, obwohl |　定動詞は文末に置く（定形後置）.

例　Ich hoffe, **dass** er morgen **kommt**.　彼があした来てくれるといいのですが.
　　　主文　　　　　　　　副文

副文では分離動詞は結合する.

例　Weißt du, **ob** Herr Böll heute **zurückkommt**?　ベルさんがきょう帰ってくるかどうか、知っている？

副文が先頭にたつとき、主文の動詞の位置に注意.

例　**Wenn** ich Hunger habe, **esse** ich ein Sandwich.　お腹がすいたら、サンドイッチを食べる.

1-57

Ich glaube, dass er Engländer ist.　　　　　彼はイギリス人だと思う.

Ich weiß nicht, ob sie verheiratet ist.　　彼女が結婚しているかどうかは、私は知らない.

Ich besuche dich, wenn ich Zeit habe.　　時間があったら、君のところへ行くよ.

Er spricht nicht Japanisch, obwohl er schon 　彼はもう長く日本に住んでいるのに、日本語を話さない.
lange in Japan lebt.

Weil sie Fieber hat, bleibt sie zu Hause.　彼女は熱があるので、家にいる.

3 間接疑問文

| wer, was, wann, wie, wo |　疑問詞も従属の接続詞になる.

1-58

Weißt du, wer das ist?　　　　　　　　　　　この人はだれなのか、知っている？

Ich weiß nicht, wann er zurückkommt.　　　彼がいつ戻って来るのか、わかりません.

Erklärst du mir bitte, wie man das macht?　どうやるのか、教えてくれる？

Wissen Sie, wo Herr Gruner wohnt?　　　　グルーナーさんがどこにお住まいか、ご存じですか？

Ich verstehe nicht, warum er so etwas macht.　なんで彼がそんなことをするのか、理解できない.

4 前置詞のいろいろ

	前置詞＋名詞	前置詞＋代名詞
3格と結びつく前置詞の例	mit dem Freund 友人といっしょに	mit ihm 彼といっしょに
4格と結びつく前置詞の例	für den Freund 友人のために	für ihn 彼のために

5 3格と結びつく前置詞

aus ～出身の		bei ～の所に、～の時に	mit ～といっしょに	
nach ～のあとで、～（地名）へ	seit ～以来		von ～から、～の	zu ～の所へ

Frau Jäger kommt aus Salzburg.	イェーガーさんはザルツブルク出身です.	1-59
Er ist gerade beim Essen.	彼はいま食事中です.	
Sie fliegt im Herbst mit ihrem Freund nach Japan.	彼女は秋にボーイフレンドと日本へ行く.	
Nach dem Unterricht treffe ich Veronika.	授業のあと、私はヴェローニカに会います.	
Wir wohnen seit drei Jahren hier.	私たちは3年前からここに住んでいます.	
Das ist ein Brief von meiner Freundin.	これはぼくのガールフレンドからの手紙だ.	
Von München fahren wir weiter nach Füssen.	私たちはミュンヘンからさらにフュッセンへ行きます.	
Geh doch einmal zum Arzt!	一度医者に見てもらいなさい！	

前置詞と定冠詞の融合形

zur = zu + der　　　zur Uni　大学へ

zum = zu + dem　　　zum Arzt　医者のところへ

---

6 4格と結びつく前置詞

bis ～まで	durch ～を通って	für ～のために	gegen ～に反対して
ohne ～なしに	um ～の回りに、～時に		

Der Unterricht dauert bis halb elf.	授業は10時半までだ.	1-60
Ich gehe durch den Park zum Bahnhof.	私は公園を通って駅に行きます.	
Ich bin gegen diesen Plan.	私はこの計画に反対です.	
Das Geschenk ist für dich!	君へのプレゼントだよ！	
Wir fahren mit dem Fahrrad um den See.	私たちは自転車で湖を一周する.	
Der Film beginnt um sechs Uhr.	映画は6時に始まる.	

時刻

Wie spät ist es jetzt?　いま何時ですか？

1:00　Es ist ein Uhr. / Es ist eins.

3:00　Es ist drei [Uhr].

9:15　Es ist fünfzehn [Minuten] nach neun. / Es ist Viertel nach neun.

9:30　Es ist neun Uhr dreißig. / Es ist halb zehn.

9:45　Es ist neun Uhr fünfundvierzig. / Es ist Viertel vor zehn.

Übung 1　接続詞を補おう. (aber, dass, ob, und, wenn)

1. Ich glaube, _____ er Franzose ist.
2. Ich heiße Takeshi _____ mein Bruder heißt Kenji.
3. _____ er kommt, sage ich es ihm.
4. Heute hat Thomas Unterricht, _____ morgen hat er keinen Unterricht.
5. Ich frage ihn, _____ er ein Auto hat.

Übung 2　例にならって文を完成させよう.

例　Ich weiß, ...　　　(Wer ist das?)　　　　　　　→ Ich weiß, wer das ist.

1. Ich weiß nicht, ...　(Was ist das?)　　　　　　→
2. Wissen Sie, ...　　　(Wo gibt es hier einen Parkplatz?)　→
3. Weißt du, ...　　　　(Wann fährt Frau Klein ab?)　　　→

Übung 3　日本語を参照して前置詞または前置詞と定冠詞の融合形を補い、和訳しよう.

1. Ich komme _____ *drei Uhr* zurück.　（3時に）
2. Er fährt _____ *Evi* _____ *Frankfurt*.
   （エーフィと、フランクフルトへ）
3. Petra kommt _____ *dem Unterricht* _____ *mir*.
   （授業のあとで、私のところへ）
4. Clara wohnt _____ *einem Monat* _____ *ihrer Tante*.
   （1カ月前から、叔母さんの家に）
5. Ich gehe zu Fuß _____ *Bahnhof*.　（駅へ）
6. Ist das Geschenk wirklich _____ *mich*?　（私のため）

頻度の副詞	
immer	いつも
meistens	たいてい
oft	しばしば
manchmal	ときどき
selten	まれに

ミュンヘン中央駅

Dialog 1

1-64

A: Was machst du in den Ferien?

B: Ich fahre in die Berge. Und du?

A: Zuerst jobbe ich in einem Supermarkt, dann fahre ich für eine Woche ans Meer.

B: Fährst du zusammen mit Inge?

A: Nein, Inge hat keine Zeit. Sie macht während der Ferien den Führerschein.

Dialog 2

1-65

A: Was machen wir am Wochenende?

B: Ich habe eine Idee: Wir laden ein paar Freunde ein und essen im Garten.

A: Prima!　Wen laden wir denn ein?

B: Müllers. Und vielleicht auch Tanakas.

A: Ja, gut. Was kaufen wir ein?

B: Darüber sprechen wir am Abend.

den Führerschein machen　車の免許をとる
ein paar　何人かの
Müllers　ミュラー家の人たち

ガーデンパーティーの準備

マーケットでの買い物

ドイツの若者の
アルバイト事情

1 3・4格と結びつく前置詞

位置関係を表わす次の前置詞は3格または4格と結びつく.

an	〜のきわ	auf	〜の上	hinter	〜のうしろ
in	〜の中	neben	〜の横	über	〜の上方
unter	〜の下	vor	〜の前	zwischen	〜の間

1-66

例　3格　Das Buch liegt auf dem Tisch.

本は机の上にあります.

4格　Leg das Buch bitte auf den Tisch!

本を机の上へ置いてください！

Er ist in der Uni.　　　　彼は大学にいる.

Ich gehe ins Kino.　　　　私は映画に行く.

Die Katze schläft unter dem Tisch.　　　猫がテーブルの下で寝ている.

Ich stelle das Fahrrad unter einen Baum.　私は自転車を木の下に置く.

im = in + dem	im Kino	映画館で
ins = in + das	ins Kino	映画館へ

Wo ist die Katze ?

① am Fenster　② auf dem Fernseher　③ hinter dem Vorhang

④ in der Tasche　⑤ neben dem Fischglas　⑥ über dem Tisch

⑦ unter dem Stuhl　⑧ vor dem Schrank

⑨ zwischen dem Blumentopf und der Kommode

①

②

③

④

⑤

⑥

⑦

⑧

⑨

2 da + 前置詞

前置詞と「物・事」を表わす人称代名詞が結合してda + 前置詞となることが多い.
母音で始まる前置詞の時はdar + 前置詞になる.

1-67

A: Ist das ein Messer?

B: Ja, damit schneidet man Käse.
    Das ist ein Käsemesser.

A: それはナイフなんですか？

B: ええ、これでチーズを切るんです。
    これはチーズ用のナイフです。

A: In der Zeitung steht heute ein Artikel
    über die Pflegeroboter in Japan.

B: Ja, darüber berichtet man jetzt viel.

A: きょうの新聞に日本の介護ロボットについての記事が
    載っています。

B: ええ、それについていまよく報道されますね。

> über ～について

3 疑問詞 was

1-68

1格 was	4格 was

Was ist das?

Was schenkst du ihr zum Geburtstag?

これは何ですか？

彼女の誕生日に何をあげるの？

4 wo + 前置詞

1-69

疑問詞was と前置詞が結合して wo[r] + 前置詞となる.

A: Womit fahren wir?

B: Mit der Straßenbahn.

A: 何で行きましょうか？

B: 路面電車で行きましょう。

A: Worüber sprecht ihr?

B: Über die Arbeit.

A: 君たち、何について話しているの？

B: 仕事のことさ。

5 疑問詞 wer

1-70

1格 wer	2格 wessen	3格 wem	4格 wen

Wer ist das?

Wessen Tasche ist das?

Wem schenkst du die Blumen?

Wen laden wir ein?

Mit wem gehst du ins Konzert?

この人は誰ですか？

それは誰のバッグですか？

その花を誰に贈るの？

誰を招待しましょうか？

誰とコンサートに行くの？

Übung 1　カッコ内の日本語を参照して前置詞または融合形を補い、和訳しよう.

1. Wir fahren _____ Samstag _____ Meer.　（土曜日に、海へ）
2. Die Zeitung liegt _____ dem Sofa.　（ソファーの上に）
3. Thomas geht heute Abend _____ Kino.　（映画に）
4. Der Hund schläft _____ dem Tisch.　（テーブルの下で）

Übung 2　定冠詞を補い、和訳しよう.

1. Stell den Teller bitte auf _____ Tisch!
2. Der Wagen steht vor _____ Haus.
3. Wir fahren mit dem Bus in _____ Stadt.

Übung 3　例にならって、下線部を問う疑問文をつくろう.

例　Er schenkt ihr ein Buch.　→　Was schenkt er ihr?

1. Das ist Frau Müller.
2. Wir laden Thomas und Anna ein.
3. Er wartet auf seine Freundin.
4. Sie fährt mit der U-Bahn.

> auf + 4格 + warten　～を待つ

ミュンヘンの小さな映画館とイベント案内

1-74

Dialog 1

A: Ich will heute Abend ins Kino gehen. Kommst du mit?

B: Leider kann ich nicht mitkommen. Ich muss einen Bericht schreiben.

A: Schade. Diese Woche läuft ein Film von Wim Wenders.

B: Ich weiß. Der Film soll sehr interessant sein. Vielleicht kann ich ihn morgen sehen.

1-75

Dialog 2

A: Möchten Sie noch eine Tasse Kaffee?

B: Nein, danke. Ich muss jetzt nach Hause.

A: Aber es ist doch erst drei Uhr.

B: Also gut. Eine Tasse noch.

A: Und auch ein Stück Käsekuchen?

B: Na gut, ein Stückchen noch. Käsekuchen mag ich sehr gern.

r Bericht　レポート
laufen　（映画が）上映される
es ist doch erst drei Uhr　まだ3時ですよ

上：ゲッティンゲンのケーキ屋さん　　下：ホームメイドのケーキ

1 助動詞の意味と用法

können	（能力、可能）…することができる；（推量）…かもしれない
müssen	（強制、必然）…ねばならない；（確信）…にちがいない
wollen	（意志）…したい、…するつもりだ
sollen	（主語以外の意志）…するべきだ；（うわさ）…という話だ
dürfen	（許可）…してよい；（否定詞とともに：禁止）…してはならない
mögen	（推量）…かもしれない

助動詞と本動詞の位置

　　　助動詞　＋　…………　＋　本動詞
　　　定動詞　　　　　　　　　　　不定詞

Ich will im Sommer nach Deutschland fahren.　　私は夏にドイツに行くつもりだ.

	können	müssen	wollen	sollen	dürfen	mögen
ich	kann	muss	will	soll	darf	mag
du	kannst	musst	willst	sollst	darfst	magst
Sie	können	müssen	wollen	sollen	dürfen	mögen
er/sie/es	kann	muss	will	soll	darf	mag
wir	können	müssen	wollen	sollen	dürfen	mögen
ihr	könnt	müsst	wollt	sollt	dürft	mögt
Sie	können	müssen	wollen	sollen	dürfen	mögen
sie	können	müssen	wollen	sollen	dürfen	mögen

1-76

\<können\>

Ich kann morgen nicht kommen.　　　　　私はあした来られません.

_____ Sie mir bitte helfen?　　　　手伝っていただけますか？

Der Wagen dort _____ ein Porsche sein.　あそこの車はポルシェかもしれない.

\<müssen\>

Ich muss leider schon gehen.　　　　　残念だけどもう帰らなきゃ.

_____ Sie schon um acht Uhr in der　8時にはもう会社にいなければならないのですか？
Firma sein?

Diese Uhr _____ sehr teuer sein.　この時計はとても高価なものに違いない.

\<wollen\>

Ich will heute einkaufen.　　　　　私はきょう買物をするつもりだ.

_____ du mit uns ins Konzert gehen?　私たちとコンサートに行かない？

Karl und Claudia _____ im Mai heiraten.　カールとクラウディアは5月に結婚するつもりだ.

<sollen>

Du sollst nicht so laut sprechen! そんなに大きい声で話さないで！

_____ ich das Fenster öffnen? 窓をあけましょうか？

Dieses Restaurant _____ sehr gut sein. このレストランはとてもおいしいという話だ.

<dürfen>

Darf ich Sie etwas fragen? ちょっとお尋ねしていいですか？

_____ die Kinder auch mitkommen? 子どもたちもいっしょに来ていいですか？

Hier _____ man nicht rauchen. ここは禁煙です.

Morgen mag es regnen. あしたは雨が降るかもしれない.

2 本動詞として使われる助動詞

Ich will im Sommer nach Deutschland. 私は夏にドイツに行くつもりだ. **1-77**

Ich muss sofort nach Hause. 私はすぐに家に帰らなければ.

Kannst du Französisch? 君はフランス語ができる？

Willst du ein Eis? アイスクリーム、食べたい？

Mögen Sie Fisch? 魚はお好きですか？

3 möchteの使い方

ich	möchte	wir	möchten
du	möchtest	ihr	möchtet
Sie	möchten	Sie	möchten
er/sie/es	möchte	sie	möchten

1) ～したい（助動詞）

Ich möchte heute zu Hause bleiben. きょうは家にいたい. **1-78**

Was möchten Sie trinken? 何が飲みたいですか？

2) ～がほしい（本動詞）

Ich möchte ein Kilo Äpfel. リンゴを1キロください.

Möchtet ihr noch ein Glas Wein? 君たち、ワインをもう一杯どう？

Übung 1　和訳し、主語をカッコ内のものにして言いかえよう.

1. Ich muss für eine Prüfung lernen.　　（彼は、君たちは）

2. Kann man hier parken?　　（私は、私たちは）

3. Wollen Sie mit uns ins Konzert gehen?　（君は、彼らは）

4. Du sollst nicht so viel trinken!　　（あなたは、君たちは）

Übung 2　日本語の意味になるように助動詞を補おう.

1. 私たちは何時に来ればいいでしょうか？ → Um wie viel Uhr _____ wir kommen?

2. すぐに家に帰らなくちゃ.　　　　　　 → Wir _____ sofort nach Hause.

3. 教室で飲食してはいけません.　　　　 → Im Klassenzimmer _____ man nicht essen und trinken.

4. 何がほしい？　　　　　　　　　　　 → Was _____ du?

Übung 3　例にならって言いかえよう. 言いかえた文を和訳しよう.

例　Heute kommen sie nicht. (können)　→　Heute können sie nicht kommen.

1. Trinken wir Kaffee? (wollen)

2. Hilfst du mir bitte? (können)

3. Er lernt Italienisch. (wollen)

4. Sie ist Amerikanerin. (können)

5. Wir reisen im Sommer nach Österreich. (möchte)

6. Ich stehe morgen um sechs Uhr auf. (müssen)

チーズとワインの売場

Dialog 1

A: Was kostet der spanische Wein hier?

B: 8,50 €. Wir haben auch einen guten deutschen Wein für 9,95 €.

A: Ich glaube, ich nehme den spanischen. Und bitte 200 Gramm von dem holländischen Käse dort.

B: Sonst noch etwas?

A: Ja, ein Kilo italienische Trauben.

Dialog 2

A: Welches Datum ist heute?

B: Heute ist der 3. (dritte) August.

A: Oje, ich brauche ein Geschenk! Übermorgen, am 5. (fünften), hat meine Oma Geburtstag.

B: Wie alt wird deine Oma denn?

A: 72.

Sonst noch etwas?　その他に何か？
s Datum　日付
oje　おやまぁ
e Oma = e Großmutter
denn　いったい

食料品店屋台（果物、野菜、ワイン）

ドイツの食文化

1 形容詞の用法

述語的用法： Der Wagen ist neu. その車は新しい.

付加語的用法： Der neue Wagen gehört meinem Bruder. その新しい車は兄のものです.

副詞的用法： Der Wagen fährt sehr schnell. その車はとても速く走る.

＊付加語的用法の場合、形容詞に名詞の格を示す語尾（格語尾）がつく.

2 形容詞の語尾

1) 定冠詞（類）＋形容詞＋名詞

	男性名詞	女性名詞	中性名詞	複　数
1格	der schnelle Wagen	die große Stadt	das neue Fahrrad	die kleinen Kinder
2格	des schnellen Wagens	der großen Stadt	des neuen Fahrrads	der kleinen Kinder
3格	dem schnellen Wagen	der großen Stadt	dem neuen Fahrrad	den kleinen Kindern
4格	den schnellen Wagen	die große Stadt	das neue Fahrrad	die kleinen Kinder

Wie viel kostet der holländische Käse hier? このオランダのチーズはいくらですか？

Kennst du den neuen Kollegen schon? 新しく来た同僚をもう知っている？

Ist das weiße Gebäude dort ein Hotel? あそこの白いビルはホテルですか？

Die rote Bluse steht dir sehr gut. その赤いブラウスは君にとてもよく似合う.

Ich bringe die deutschen Gäste ins Hotel. 私はドイツのお客さんたちをホテルまで連れて行く.

Eva zeigt den ausländischen Touristen das Schloss. エーファは外国の観光客たちにお城を案内する.

Das Essen in der neuen Mensa ist ausgezeichnet. 新しい学生食堂の食事はすばらしい.

Diese Krawatte passt gut zu dem blauen Hemd. このネクタイはその青いシャツに合います.

2) 不定冠詞（類）＋形容詞＋名詞

	男性名詞	女性名詞	中性名詞	複　数
1格	[m]ein　　großer Garten	[m]eine alte Tasche	[m]ein　　kleines Zimmer	meine neuen Schuhe
2格	[m]eines großen Gartens	[m]einer alten Tasche	[m]eines kleinen Zimmers	meiner neuen Schuhe
3格	[m]einem großen Garten	[m]einer alten Tasche	[m]einem kleinen Zimmer	meinen neuen Schuhen
4格	[m]einen großen Garten	[m]eine alte Tasche	[m]ein　　kleines Zimmer	meine neuen Schuhe

Das ist aber ein schöner Garten! とてもきれいなお庭ですね！

Sie hat einen deutschen Freund. 彼女にはドイツ人の友だちがいる.

In dieser Stadt gibt es kein japanisches Restaurant. この町には日本料理の店はありません.

Er besucht seine chinesische Freundin in Peking. 彼は北京いる中国人のガールフレンドを訪ねる.

Brauchst du deine alten Bücher noch? 君の古い本、まだ必要なの？

Wir wohnen in einer kleinen Stadt in Bayern. 私たちはバイエルン州にある小さな町に住んでいる.

Sie ist die Chefin einer großen Firma. 彼女は大きな会社の社長だ.

3) 形容詞 + 名詞

	男性名詞	女性名詞	中性名詞	複　数
1格	guter　Wein	frische　Milch	kaltes　Wasser	blonde　Haare
2格	guten　Wein[e]s	frischer　Milch	kalten　Wassers	blonder　Haare
3格	gutem　Wein	frischer　Milch	kaltem　Wasser	blonden　Haaren
4格	guten　Wein	frische　Milch	kaltes　Wasser	blonde　Haare

		1-87
Zu diesem Essen passt französischer Wein.	この食事にはフランスワインが合います.	
Ich habe großen Hunger.	とてもおなかがすいた.	
Er studiert japanische Literatur.	彼は日本文学を専攻している.	
Deutsches Brot schmeckt mir.	ドイツのパンはおいしいと思う.	
Sie hat schwarze Haare.	彼女は髪が黒い.	

3 形容詞の名詞化

男性名詞	der Deutsche / ein Deutscher	ドイツ人（男性）
女性名詞	die Deutsche / eine Deutsche	ドイツ人（女性）
複数形	die Deutschen / Deutsche	ドイツ人たち
中性名詞	das Gute	善
	Gutes	良いもの／良いこと
	etwas Neues	なにか新しいもの／なにか新しいこと

名詞化された形容詞は大文字で書きはじめる.
男性形：男の人　女性形：女の人　複数形：人々　中性形：もの、こと

		1-88
Die Deutsche dort ist meine Lehrerin.	あそこにいるドイツ人女性はぼくの先生です.	
Herr Weber ist ein Bekannter von mir.	ヴェーバーさんは私の知り合いです.	
Die Deutschen hier kommen aus Berlin.	このドイツの人たちはベルリンから来ました.	
Ich möchte etwas Kaltes trinken.	何か冷たいものが飲みたい.	

4 第1の、第2の（序数）   1-89

1. = erst-	6. = sechst-	11. = elft-	21. = einundzwanzigst-
2. = zweit-	7. = siebt-	12. = zwölft-	
3. = dritt-	8. = acht-	…	
4. = viert-	9. = neunt-	…	
5. = fünft-	10. = zehnt-	20. = zwanzigst-	

序数は形容詞として格語尾をつける.

> 序数の表記に注意
> 基数　1
> 序数　1.

Heute ist der 3. (dritte) Oktober. 　　　今日は10月3日です.

Ich habe am 3. (dritten) Oktober Geburtstag. 　私の誕生日は10月3日です.

Übung 1　例にならってドイツ語で言おう.

例　大きな家　→　ein großes Haus

1. そのイタリアン・レストラン　→
2. 私の小さい庭　　　　　　　→
3. 彼女の黒いバッグ　　　　　→
4. 君の新しい靴　　　　　　　→
5. ドイツビール（無冠詞で）　→

Übung 2　語尾を補い、和訳しよう.

1. Die grün___ Jacke passt gut zu deiner Hose.
2. Das Kind spielt oft mit seinem groß___ Hund.
3. Meine Freundin hat kurz___ Haare.
4. Die Deutsch___ machen gerne Urlaub in Italien.
5. Sie hat ein rot___ Fahrrad.

Übung 3　ドイツ語で読もう.

1. 7,30 €
2. 11 Uhr 28
3. 500 Gramm
4. Heute ist der 10. März.
5. Ich habe am 21. Dezember Geburtstag.

年号の読み方
1987年に
[im Jahr] neunzehnhundertsiebenundachtzig
2016年に
[im Jahr] zweitausendsechzehn

南ドイツのあるカフェとメニュー

kleine Gerichte

Maultaschen mit kleinem Salat mit Tomaten und mit Emmentaler überbacken	7,80
Blätterteigtasche mit kleinem Salat	7,40
- Broccoli gefüllt mit Tomaten, Broccoli, Käse und Schinken[c]	
- Spinat gefüllt mit Tomaten, Schafskäse und Spinat	
- Champignon gefüllt mit Tomaten, Schinken[c], Käse und frischen Champignons	
Hähnchen-Nuggets mit Tomaten-Käse Croûtons und frischen Blattsalaten	8,80
kleine Portion Hähnchen-Nuggets mit Salat	6,20
für Kinder: kleine Portion Hähnchen-Nuggets mit Pommes Frites	4,80
Holzfällersteak mit Kartoffelwedges mit Kräuterbutter und Salat	9,20
Holzfällersteak -provence- mit Rösti und Ratatouille	9,20
Lendchen mit Grilltomaten mit Kräuterbutter, Röstis und Salat	11,60

- Unsere Küche ist von 17:00 bis 22:00 Uhr geöffnet
- Sonn- und Feiertags von 17:00 bis 21:00 Uhr

vegetarische Gerichte

Camembert gebacken frisch panierter Camembert mit Sahne, Preißelbeeren und kleinem Salat	6,80
Champignons gebacken frische Champignons mit Blattsalaten und Remouladensauce	7,80
Frühlingsrollen mit kleinem Salat und Asia-Sauce	6,20
Kässpätzle mit kleinem gemischten Salat	6,80
Kartoffeltaschen[c] mit Frischkäse-Kräuterfüllung und kleinem Salat	6,20
Kräuterbutterbaguette Baguette mit Kräuterbutter überbacken	2,80
Tomatenbaguette mit Tomaten, Kräuterbutter und mit Käse überbacken	4,60
Kartoffelpuffer mit Apfelmus	3,80
gibt's auch vegan:	
Frühlingsrollen mit kleinem Salat und Asia-Sauce	6,80
Salat mit Sonnenblumen- und Kürbiskernen mit Tomatencroûtons	7,60

Dialog 1

2-1

A: Kennst du das neue Restaurant in der Leibnizstraße?

B: Ja, das ist sehr gut. Viel besser als das alte. Und auch billiger. Das Mittagsmenü kostet nur 6,80 €.

A: Was gibt es denn da?

B: Asiatische Spezialitäten. Und natürlich auch vegetarische Gerichte.

A: Hm, da muss ich mal hin!

B: Am besten finde ich die Frühlingsrollen. Die esse ich am liebsten!

Dialog 2

2-2

A: Interessieren Sie sich für Sport?

B: Ja, für Sport interessiere ich mich sehr. Besonders für Fußball.

A: Spielen Sie auch selbst?

B: Ja, ich bin Mitglied in einem Fußballverein. Wir treffen uns einmal pro Woche zum Training. Und samstags sehe ich mir immer die Bundesligaspiele im Fernsehen an.

Leibnizstraße　ライプニッツ通り	s Bundesligaspiel　（ドイツの）ブンデスリーガの試合
s Mittagsmenü　ランチセット	besonders　特に
asiatische Spezialitäten　アジア料理	selbst　自分で
vegetarische Gerichte　ベジタリアン向けの料理	s Mitglied　メンバー
e Frühlingsrolle　春巻	r Fußballverein　サッカークラブ
die = die Frühlingsrollen	sich（4格）treffen　（互いに）会う

アジア料理のレストラン

ドイツのスポーツ事情

1 形容詞の比較級と最上級

原級	比較級	最上級	述語的用法の最上級
−	− er	− st-	am − sten
klein	kleiner	kleinst-	am kleinsten
billig	billiger	billigst-	am billigsten
groß	größer	größt-	am größten
alt	älter	ältest-	am ältesten
hoch	höher	höchst-	am höchsten
gut	besser	best-	am besten
viel	mehr	meist-	am meisten
（副詞）gern	lieber	liebst-	am liebsten

＊1音節の形容詞は、比較級と最上級で変音（ウムラウト）するものが多い.

＊-el / -erで終わる形容詞は比較級で e が落ちる.

例　dunkel → dunkler　　teuer → teurer

2 比較級の用法

比較する対象を表わすときには als を用いる.

2-3 ♪　例　Hamburg ist größer **als** München.　　　ハンブルクはミュンヘンより大きい.

1) 述語的用法

Die Schweiz ist ＿＿＿＿＿ als Österreich.　　　スイスはオーストリアより小さい.（klein）

Sie ist zwei Jahre ＿＿＿＿＿ als ich.　　　彼女は私より2歳年上だ.（alt）

Die Donau ist ＿＿＿＿＿ als der Rhein.　　　ドナウ川はライン川より長い.（lang）

Welcher Berg ist ＿＿＿＿＿: die Zugspitze　　　ツークシュピッツェと富士山、どちらの山が高い?（hoch）
oder der Fuji?

Ich finde diesen Plan ＿＿＿＿＿.　　　この案のほうがよいと思う.（gut）

2-4 ♪ ### 2) 付加語的用法

比較級のあとにさらに格語尾をつける. ただし mehr やwenigerなど格語尾をつけないものもある.

Haben Sie kein billigeres Zimmer?　　　もっと安い部屋はありませんか?

Er hat mehr Bücher als ich.　　　彼は私よりも多くの本を持っている.

2-5 ♪ ### 3) 副詞的用法

Er läuft viel schneller als ich.　　　彼は私よりずっと速く走る.

Ich trinke Tee lieber als Kaffee.　　　私はコーヒーよりお茶のほうが好きだ.

3 最上級の用法

1）述語的用法

Ich glaube, dieses Foto ist am schönsten.	この写真がいちばんきれいだと私は思う.	2-6
Welches Hotel ist am teuersten?	どのホテルがいちばん [値段が] 高いですか？	
Er ist am _____.	彼がいちばん年上だ.（alt）	
Wo ist es in Japan am kältesten?	日本ではもっとも寒いのはどこですか？	

2）付加語的用法

最上級のあとにさらに格語尾をつける.　　　　　　　　　　　　　2-7

| Die Zugspitze ist der höchste Berg in Deutschland. | ツークシュピッツェはドイツでいちばん高い山だ. |
| Wien ist die größte Stadt in Österreich. | ウィーンはオーストリアでもっとも大きい町だ. |

3）副詞的用法

| Petra singt am _____ von uns. | 私たちのなかでいちばん歌がうまいのはペートラだ.（gut） | 2-8 |
| Klassische Musik mag ich am _____. | クラシック音楽がいちばん好きです.（gern） | |

4 再帰代名詞

同一文中で主語と同じものを指す代名詞

	ich	du	Sie	er/sie/es	wir	ihr	Sie	sie
3格	mir	dir	sich	sich	uns	euch	sich	sich
4格	mich	dich	sich	sich	uns	euch	sich	sich

| Ich habe kein Geld bei mir. | 私はお金の持ち合わせがない. | 2-9 |
| Er hat keine Zeit für sich. | 彼は自分の時間がない. | |

5 再帰動詞

再帰代名詞をともなって、ひとつの意味をなす動詞を再帰動詞という.　　2-10

| sich setzen　座る | Er setzt sich auf den Stuhl. | 彼は椅子に座る. |
| 参考 setzen　座らせる | Er setzt das Kind auf den Stuhl. | 彼は子どもを椅子に座らせる. |

1）4格の再帰代名詞をともなう場合

Ich interessiere mich für Sport.	私はスポーツに関心があります.	2-11
Wir freuen uns auf die Sommerferien.	私たちは夏休みを楽しみにしている.	
Erinnert ihr euch noch an ihn?	君たち、彼のことをまだ覚えている？	

2）3格の再帰代名詞をともなう場合

Kannst du dir das vorstellen?	君はそれを想像できる？	2-12
Ich sehe mir heute einen japanischen Film an.	私は、きょう日本映画を見ます.	
Sie wäscht sich jeden Morgen die Haare.	彼女は毎朝、髪を洗う.	

Übung 1　和訳し、下線部をカッコ内の意味にして言いかえよう.

1.　Heidelberg ist <u>kleiner</u> als Frankfurt.　　　(より静かな、より美しい)

2.　Sein Wagen ist <u>schneller</u> als mein Wagen.　(より新しい、より良い)

3.　Dieses Bild finde ich <u>am schönsten</u>.　　　(いちばん良い、いちばん興味深い)

4.　Hans ist <u>am ältesten</u> von uns.　　　　(いちばん足が速い、いちばん背が高い)

5.　Das ist <u>die älteste</u> Kirche der Stadt.　　(いちばん美しい、いちばん有名な)

Übung 2　和訳し、主語をカッコ内のものにして言いかえよう.

1.　Ich interessiere mich für deutsche Literatur.　(彼は、私たちは)

2.　Erinnerst du dich noch an Herrn Meier?　　(あなたは、君たちは)

3.　Freut ihr euch auf die Ferien?　　　(君は、彼女は)

4.　Das kann ich mir nicht vorstellen.　　(君は、私たちは)

静かな	ruhig
興味深い	interessant
背が高い	groß
有名な	bekannt

ミュンヘンにあるシーボルトの墓（48ページ参照）

2-15

Dialog

A: Von wem ist dieses Bild?

B: Von Franz Marc. Marc war ein deutscher Maler.

A: Aus welcher Zeit?

B: Er lebte von 1880 bis 1916. Er fiel mit 36 Jahren im Ersten Weltkrieg in Frankreich.

A: Wie heißt das Bild?

B: „Blaues Pferd I". Marc malte oft Bilder von Tieren. Er hatte großes Talent. Auch sein Bild „Der Tiger" ist sehr bekannt. Die Farben sind wunderbar!

A: Ah, jetzt erinnere ich mich. Den „Tiger" wollte ich schon immer einmal sehen!

B: Das Bild hängt gleich dort drüben.

r Maler　画家
fiel = fallen（戦死する）の過去形
s Pferd　馬
s Tier　動物
e Farbe　色
schon immer einmal　ずっと前から一度
hängen　掛かっている
gleich dort drüben　すぐそこに

ミュンヘンのレンバッハハウス美術館

1 動詞の3基本形

動詞の不定詞、過去基本形、過去分詞を「動詞の3基本形」という.

	不定詞	過去基本形	過去分詞
規則動詞	**-en**	**-te**	**ge-t**
	machen	machte	gemacht
	sagen	sagte	gesagt
不規則動詞	gehen	ging	gegangen
	sehen	sah	gesehen
	kommen	kam	gekommen
	wissen	wusste	gewusst
	sein	war	gewesen
	haben	hatte	gehabt

不定詞　　　machen

　　　　　Er möchte eine Reise nach Deutschland machen.

　　　　　　彼はドイツに旅行したいと思っている.

過去基本形　machte

　　　　　Wir machten eine Reise nach Deutschland.

　　　　　　私たちはドイツへ旅行した.

過去分詞　　gemacht

　　　　　Er hat eine Reise nach Deutschland gemacht.

　　　　　　彼はドイツへ旅行した.

2 過去形（1）sein と haben の過去人称変化

sein			
ich war	wir waren
du warst	ihr wart
Sie waren	Sie waren
er/sie/es war	sie waren

haben			
ich hatte	wir hatten
du hattest	ihr hattet
Sie hatten	Sie hatten
er/sie/es hatte	sie hatten

2-17

Wir waren am Wochenende in Bremen.　　　私たちは週末はブレーメンにいました.

Gestern war das Wetter sehr schön.　　　　きのうは天気がとてもよかった.

Ich hatte am Sonntag leider keine Zeit.　　　日曜日は残念ながら時間がなかった.

Früher hatte er eine große Firma.　　　　　彼は以前大きな会社を持っていた.

3 過去形（2）規則動詞・不規則動詞と分離動詞の過去人称変化

	規則動詞	不規則動詞	分離動詞
	sagen	gehen	abfahren
ich -	sagte	ging	fuhr … ab
du -st	sagtest	gingst	fuhrst … ab
Sie -[e]n	sagten	gingen	fuhren … ab
er/sie/es -	sagte	ging	fuhr … ab
wir -[e]n	sagten	gingen	fuhren … ab
ihr -[e]t	sagtet	gingt	fuhrt … ab
Sie -[e]n	sagten	gingen	fuhren … ab
sie -[e]n	sagten	gingen	fuhren … ab

1）規則動詞　Nach dem Essen machte ich einen Spaziergang.　私は食後の散歩をした.　　2-18

　　　　　　Wo arbeitete er früher?　　彼は以前はどこで働いていたのか？

2）不規則動詞　Das wusste ich nicht.　　それは知らなかった.

　　　　　　Sie gingen zusammen ins Konzert.　　彼らは一緒にコンサートに行った.

3）分離動詞　Ich fuhr um neun Uhr ab.　　私は9時に出発した.

　　　　　　Der Zug kam um halb fünf an.　　列車は4時半に到着した.

4 過去形（3）話法の助動詞の過去形

不定詞 → 過去基本形	wollen → wollte	können → konnte	müssen → musste
	dürfen → durfte	sollen → sollte	mögen → mochte

Eigentlich wollte ich heute ins Kino gehen.　　ほんとうはきょうは映画に行くつもりだった.　　2-19

Früher konnte ich gut Spanisch sprechen.　　昔、私はスペイン語がよく話せた.

Mein Vater musste gestern nach Zürich fahren.　　父はきのうチューリッヒに行かなければならなかった.

Übung　カッコ内の動詞を過去形にして補い、和訳しよう.　　2-20

1. _____ du gestern in der Uni? – Ja, ich _____ Unterricht. (sein / haben)

2. Mein Onkel _____ früher in Düsseldorf. Dort _____ er eine kleine Firma.
   (sein / haben)

3. Er _____ nicht, dass Salzburg in Österreich ist. (wissen)

4. Letzten Sonntag _____ ich meine Bekannten in Stuttgart besuchen, aber sie
   _____ leider keine Zeit. (wollen / haben)

5. Am Wochenende _____ ich für eine Prüfung lernen. (müssen)

6. Wir _____ am Morgen _____ und _____ am Abend _____.
   (abfahren / ankommen)

Lesetext　　**Japan und Deutschland: Kulturelle Verbindungen**

Zwischen Japan und Deutschland gibt es viele Verbindungen. Der deutsche Arzt und Naturforscher Philipp Franz von Siebold kam bereits in der späten Edo-Zeit nach Japan. Er lebte und arbeitete im Dienst der Holländer auf Deshima in Nagasaki. Schon bald bekam er die Erlaubnis zur Gründung einer Schule. Dort unterrichtete er westliche Medizin. Mit seiner Frau Kusumoto Taki hatte er eine Tochter. Sie hieß Ine und wurde später die erste japanische Ärztin und Hebamme nach westlichem Vorbild.

In der Meiji-Zeit folgten zahlreiche deutsche Wissenschaftler aus verschiedenen Bereichen. Sie waren als Berater bei der Modernisierung des Landes tätig. Die Bekanntesten unter ihnen sind der Jurist Albert Mosse, der Arzt Erwin Bälz und der Geologe Heinrich Naumann.

Umgekehrt gingen damals auch viele Japaner zum Studium nach Deutschland. Kitasato Shibasaburō z. B. forschte in Berlin im Labor des berühmten Mikrobiologen Robert Koch. Und Mori Ōgai studierte in Leipzig, Dresden, München und Berlin Hygiene. Er beschäftigte sich auch intensiv mit der europäischen Kultur. Neben seiner Tätigkeit als Militärarzt war er Schriftsteller und Übersetzer. Ein bekanntes Werk von ihm ist die Novelle „Die Tänzerin", auf Japanisch *Maihime*.

e Verbindung 関係 ／ r Naturforscher 博物学者 ／ Philipp Franz von Siebold (1796 – 1866) ／ bereits = schon ／ im Dienst der Holländer オランダ人に雇われて ／ bald まもなく ／ die Erlaubnis zur Gründung einer Schule 学校設立の許可 ／ westliche Medizin 西洋医学 ／ e Hebamme 助産婦 ／ s Vorbild 手本 ／ folgen あとに続く ／ zahlreich 多数の ／ r Wissenschaftler 学者 ／ aus verschiedenen Bereichen 様々な分野の ／ als ~ tätig sein ～として勤める ／ r Berater 助言者 ／ die Modernisierung des Landes 国の近代化 ／ r Jurist 法学者 ／ r Geologe 地質学者 ／ umgekehrt 他方で ／ damals 当時 ／ s Studium 大学での勉強 ／ z. B. = zum Beispiel たとえば ／ forschen 研究する ／ berühmt = bekannt ／ r Mikrobiologe 細菌学者 ／ e Hygiene 衛生学 ／ sich (4格) intensiv mit ~ beschäftigen 集中して～に取り組む ／ europäisch ヨーロッパの ／ neben seiner Tätigkeit als Militärarzt 軍医としての勤務のかたわら ／ r Schriftsteller 作家 ／ r Übersetzer 翻訳家 ／ s Werk 作品 ／ e Novelle 短編小説

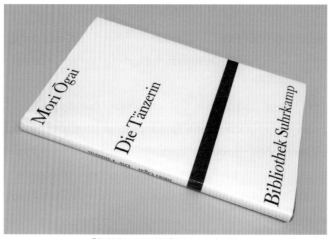

『舞姫』ドイツ語版（52ページ参照）

Dialog 1

A: Was hast du gestern gemacht?

B: Ich habe Anna getroffen.

A: Habt ihr zusammen zu Abend gegessen?

B: Ja, wir sind zum Italiener gegangen. Eigentlich wollten wir auch Jutta mitnehmen. Ich habe sie angerufen, aber sie musste zur Chorprobe.

A: Ich weiß. Sie hat mir erzählt, dass ihre Gruppe bald ein Konzert gibt.

Dialog 2

A: Was haben Sie nach dem Abitur gemacht? Sind Sie gleich zur Uni gegangen?

B: Nein, ich habe ein Pflegepraktikum gemacht. Danach habe ich Medizin studiert.

A: Und nach dem Studium?

B: Nachdem ich mein Studium abgeschlossen hatte, ging ich für eine NPO zwei Jahre nach Afrika.

zum Italiener gehen　（行きつけの）イタリア料理店に行く	s Abitur　高校卒業資格試験
mitnehmen　連れて行く	gleich　すぐに
e Chorprobe　合唱の練習	s Pflegepraktikum　看護実習
erzählen = sagen	danach　その後で
	abschließen　終える

ベルリンのイタリア料理店

ドイツの若者の職業観

ドイツの医療制度

1 完了形　|完了の助動詞| ＋ … ＋ |本動詞の過去分詞|

Ich habe ein neues Auto gekauft.　　私は新しい車を買いました.

完了の助動詞は haben と sein の２種類ある.　どちらを用いるかは、本動詞の性質で決まる.

　　sein ＋ … ＋ 過去分詞：a. 場所の移動を表わす自動詞（gehen, fahren, kommen ...）

　　　　　　　　　　　　　　b. 状態の変化を表わす自動詞（aufstehen, sterben, werden ...）

　　　　　　　　　　　　　　c. sein, bleiben

　　haben ＋ … ＋ 過去分詞：上記以外の動詞

Ich bin ins Restaurant gegangen und habe zu Mittag gegessen.

　　　　　　　　　　　　　　　　　私はレストランに行って昼食を食べた.

2 現在完了形　過去の事柄を表現する.

1) 規則動詞

Gestern habe ich den ganzen Tag gearbeitet.　　きのう私は一日じゅう仕事をした.

Hast du den Kuchen selbst gemacht?　　このケーキは自分でつくったの？

Sie hat zwei Jahre in London gelebt.　　彼女は２年間ロンドンに住んでいた.

2) 不規則動詞

Ich bin mit meiner Schwester ins Konzert gegangen.　　私は妹とコンサートに行った.

Er ist um halb zwölf nach Hause gekommen.　　彼は11時半に帰宅した.

Heute habe ich in der Mensa gegessen.　　きょう私は学生食堂で食事した.

Haben Sie das nicht gewusst?　　あなたはそれを知らなかったのですか？

Hast du den Bericht schon geschrieben?　　もうレポートを書いた？

3 現在完了形　分離動詞、非分離動詞、－ieren型動詞の場合

分離動詞の過去分詞：分離前つづりのあとにge-を入れて１語にする.

　　ab|holen　　Wir haben die Gäste am Bahnhof abgeholt. 私たちはお客さんを駅に迎えに行った.

非分離動詞と－ieren型動詞の過去分詞：ge-がつかない.

　　verstehen　Ich habe die Frage nicht verstanden.　　私はその質問の意味がわからなかった.

　　studieren　Er hat Chemie studiert.　　彼は化学を専攻した.

1) 分離動詞

Wir haben im Supermarkt eingekauft.　　私たちはスーパーマーケットで買い物をした.

Um wie viel Uhr bist du heute aufgestanden?　　君はきょう何時に起きたの？

Haben Sie Herrn Meier schon angerufen?　　マイヤーさんにもう電話をしましたか？

2) 非分離動詞　　　　　　　　　　　　　　　　　　　　　　　　　　　　　2-29

Wir haben das Deutsche Museum in München 私たちはミュンヘンのドイツ博物館に行きました.
besucht.

Ich habe meinen Schirm im Bus vergessen.　　バスに傘を忘れてきた.

3) －ieren 型動詞　　　　　　　　　　　　　　　　　　　　　　　　　　　2-30

Er hat das Fahrrad selbst repariert.　　　　彼は自転車を自分で修理した.

Mit wem hast du telefoniert?　　　　　　　誰と電話していたの？

4 過去完了形　過去の一時点より前の事柄を表現する.

| haben / sein の過去形 | ＋ … ＋ | 本動詞の過去分詞 |　　　　　　　　　2-31

Als ich zum Bahnhof kam, war der Zug schon abgefahren.

　　　　　　　　　　　　　　　私が駅に着いたときには、列車はすでに発車していた.

Nachdem wir gegessen hatten, machten wir 食事をすませたあと、私たちは散歩した.
einen Spaziergang.

Übung 1　動詞を選び、現在完了の文にしよう.　　　　　　　　　　　2-32

gehen / spielen / wissen

1.　A: Was habt ihr am Wochenende gemacht?

　　B: Wir _____ Fußball _____.

2.　A: Sind Sie gestern zu Hause geblieben?

　　B: Nein, ich _____ ins Kino _____.

3.　A: Eva hat morgen Geburtstag.

　　B: Wirklich? Das _____ ich nicht _____.

Übung 2　例にならい、現在完了の文にしよう.　　　　　　　　　　　2-33

例　ankommen　→　Wann ist Frau Bauer angekommen?

1.　lernen　　→　Früher _____ Petra Spanisch _____.

2.　fliegen　　·　Heute _____ er nach Zürich _____.

3.　studieren　→　Klaus _____ in Wien _____.

4.　anrufen　　→　Wolfgang _____ mich gestern Abend _____.

ベルリンの森鷗外

ベルリンの中心、鉄道の要である中央駅から隣のフリードリヒ通り駅へ電車で走ると、左手に漢字が二つ見えてくる．建物の壁面に大きく鷗外と読める．森林太郎、のちの森鷗外の下宿跡である．現在は森鷗外記念館として日本文化の発信拠点となっている．

■ 森鷗外 『舞姫』の一節

余は模糊たる功名の念と、檢束に慣れたる勉強力とを持ちて、忽ちこの歐羅巴の新大都の中央に立てり。何等の光彩ぞ、我目を射むとするは。何等の色澤ぞ、我心を迷はさんとするは。菩提樹下と譯するときは、幽靜なる境なるべく思はるれど、この大道髪の如きウンテル、デン、リンデンに來て両邊なる石だゝみの人道を行く隊々の士女を見よ。胸張り肩聳えたる士官の、まだ維廉一世の街に臨める窓に倚り玉ふ頃なりければ、様々の色に飾り成したる禮裝をなしたる、妍き少女の巴里まねびの粧したる、彼も此も目を驚かさぬはなきに、車道の土瀝靑の上を音もせで走るいろゝゝの馬車、雲に聳ゆる樓閣の少しとぎれたる處には、晴れたる空に夕立の音を聞かせて漲り落つる噴井の水、遠く望めばブランデンブルク門を隔てゝ緑樹枝をさし交はしたる中より、半天に浮び出でたる凱旋塔の神女の像、この許多の景物目睫の間に聚まりたれば、始めてこゝに來しものゝ應接に遑なきも宜なり。

［岩波書店版『鷗外全集』第一巻 1971年 426―427頁］

■ 森鷗外記念館

■ ウンター・デン・リンデン通りとブランデンブルク門

Dialog

A: Was machst du im Sommer?

B: Ich habe vor, nach Deutschland zu fahren.

A: Wie lange bleibst du dort?

B: Sechs Wochen. Ich mache einen Sprachkurs in Bonn. Danach fahre ich nach Berlin, um Freunde zu besuchen.

2-34

 r Sprachkurs　語学講習

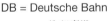 乗り物に乗る

Wann kommt der nächste Bus?
　　　　次のバスはいつ来ますか？

Hält der Bus am Rathaus?
　　　　このバスは市役所で停まりますか？

Wo muss ich umsteigen?
　　　　どこで乗り換えればいいですか？

Eine Fahrkarte zweiter Klasse nach Bonn, bitte!
　　　　ボンまで二等乗車券一枚．

Wie lange dauert der Flug?
　　　　フライト時間はどのくらいですか？

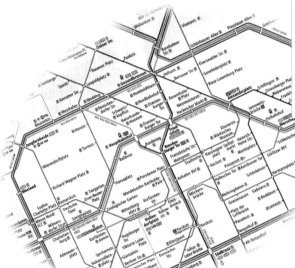

DB = Deutsche Bahn
　　　　ドイツ鉄道
e Eisenbahn　鉄道
e U-Bahn　地下鉄
e Straßenbahn　路面電車
r Bahnhof　駅
r Flughafen　空港
e Haltestelle　停留所
e Fahrkarte　乗車券
hin und zurück　往復
e Verspätung　遅延

einsteigen　乗車する
aussteigen　下車する
umsteigen　乗り換える
halten　停まる
abfliegen
　　　　飛行機で出発する
landen　着陸する

1 zu不定詞の作りかた

zu＋不定詞	zu lernen
分離動詞のzu不定詞	einzukaufen
zu不定詞句におけるzu不定詞の位置	im Dezember nach Deutschland zu fahren

2-35 **2** zu不定詞の用法（1）

1) 名詞的用法：目的語として

Wir haben vor, im Sommer ans Meer zu fahren.　　私は夏に海へ行くつもりです.

Ich habe ganz vergessen, ihn anzurufen.　　彼に電話することをすっかり忘れていた.

2) 名詞的用法：主語として

Deutsch zu lernen macht mir großen Spaß.　　私はドイツ語を勉強するのがとても楽しい.

Es war sehr nett, Sie kennenzulernen.　　あなたと知り合いになれてとてもよかった.

3) 形容詞的用法

Er hatte keine Zeit, ins Kino zu gehen.　　彼は映画に行く時間がなかった.

Hast du Lust, am Wochenende zu uns zu kommen?　週末にうちに来ない？

4) 副詞的用法

um＋zu不定詞　〜するために

Ich muss zur Bibliothek, um ein Buch zurückzugeben.　本を返すために図書館へ行かなくちゃ.

ohne＋zu不定詞　〜せずに

Sie ging aus dem Zimmer, ohne ein Wort zu sagen.　　彼女は何も言わずに部屋を出た.

2-36 **3** zu不定詞の用法（2）

haben＋zu不定詞　〜する（すべき）ものを持っている／〜しなければならない

Hast du etwas zu trinken?　　　　何か飲み物ある？

Ich habe einen Brief zu schreiben.　　私は手紙を一通書かなければならない.

sein＋zu不定詞　〜されうる／〜されねばならない

Die Tür ist schwer zu öffnen.　　このドアは開けにくい.

Der Brief ist sofort abzuschicken.　　その手紙はすぐに送らなければならない.

Übung   和訳しよう．また、下線部をカッコ内の意味にして言いかえよう．   2-37

1.   Hast du Lust, <u>zusammen zum Essen zu gehen</u>?
(私と映画を見に行く)

2.   Ich hatte keine Zeit, <u>das Schloss zu besuchen</u>.
(彼に会う)

3.   Hast du <u>etwas zu trinken</u>?
(何か食べるもの)

4.   Ich habe <u>einen Bericht zu schreiben</u>.
(彼女に電話する)

家の間取り

① *e* Küche
② *e* Toilette
③ *s* Bad
④ *r* Flur
⑤ *s* Schlafzimmer
⑥ *s* Wohnzimmer
⑦ r Balkon

Lesetext   Wie wohnen Studenten in Deutschland?

Nach dem Abitur beginnen viele junge Leute zu studieren – nicht selten in einer anderen Stadt. Manche von ihnen mieten ein Zimmer, andere wohnen in einer WG oder in einem Studentenwohnheim.

Julia (19) will ab Oktober an der TU München Biochemie studieren. Sie hat sich entschlossen, ein Zimmer in der Nähe der Universität zu suchen. Das ist zwar ein bisschen teuer, aber bequem. Sie braucht nicht mit der Bahn oder mit dem Bus zu fahren, sie kann zu Fuß zur Uni gehen. Sie hat vor, ein- oder zweimal pro Woche zu jobben. Rund um die Uni gibt es viele Cafés und Restaurants. Deshalb ist es sicher leicht, einen Job als Bedienung zu bekommen, denkt Julia.

Georg (22) studiert in Heidelberg im 6. Semester Jura. Seit einem Jahr wohnt er im Studentenwohnheim. Er hatte großes Glück, denn ein Zimmer in einem Wohnheim ist schwer zu bekommen. Das Zimmer ist nicht groß, aber billig. Er konnte dort einziehen, ohne vorher Möbel kaufen zu müssen, denn das Zimmer ist möbliert. Auf jeder Etage gibt es Duschräume und eine Küche, damit die Bewohner sich etwas Kleines kochen können.

Franziska (23) ist Medizinstudentin in Hamburg. Sie möchte nicht allein wohnen, deshalb hat sie sich für eine Wohngemeinschaft entschieden. Insgesamt leben dort vier Studentinnen. Jede hat ihr eigenes Zimmer. Küche, Bad und Toilette benutzen sie gemeinsam. Um unnötige Probleme zu vermeiden, haben sie einen Plan ausgearbeitet: „Wie machen wir es mit dem Einkaufen, dem Kochen, dem Saubermachen usw.?" Bisher hat alles gut geklappt, und Franziska fühlt sich in ihrer WG sehr wohl.

nicht selten まれではない / ander 別の / manche von ihnen そのうちの何人か / mieten 借りる /
WG = Wohngemeinschaft シェアハウス / s Studentenwohnheim 学生寮 / ab Oktober 10月から /
TU = Technische Universität 工科大学 / sich (4格) entschließen 決心する /
in der Nähe der Universität 大学の近くに / suchen さがす / zwar ..., aber ... たしかに～ではあるが、しかし～ /
bequem 便利な / nicht brauchen + zu 不定詞 ～しなくてもよい / e Bahn 電車 /
rund um die Uni 大学の周辺に / deshalb だから / leicht 容易な /
ein Job als Bedienung （ここでは）ウェイトレスのアルバイト / s Semester 学期 / Jura 法学 / s Glück 幸運 /
einziehen 入居する / vorher 前もって / Möbel pl 家具 / e Etage 階 / r Duschraum シャワー室 /
e Küche 台所 / damit （接続詞）～するために / r Bewohner 居住者 / sich (3格) 自分用に / allein ひとりで /
sich (4格) für ~ entscheiden ～に決める / insgesamt 合計で / eigen 自分専用の / s Bad 風呂 /
benutzen 利用する / gemeinsam 共同で / unnötig 不要な / vermeiden 避ける /
ausarbeiten 細かいところまで決める / s Saubermachen 掃除 / usw. = und so weiter 等々 / bisher 今まで /
gut klappen うまくいく / sich (4格) wohl fühlen 居心地がよいと感じる

Dialog 1

A: Was produziert man in dieser Fabrik?

B: Hier werden Fernsehgeräte produziert.

A: Wie viele Geräte werden hier pro Jahr hergestellt?

B: Über eine Million. Durch die Einführung moderner Maschinen konnte die Produktion um 30 Prozent erhöht werden.

Dialog 2

A: Guten Tag, mein Name ist Kühn. Ich möchte fragen, ob mein Wagen schon repariert ist.

B: Ja, die Reparatur ist fertig. Die Batterie musste leider auch ausgetauscht werden.

A: Ach so ... Wie teuer ist die ausgetauschte Batterie denn?

B: Moment. Da muss ich kurz mal nachfragen. Ich rufe Sie gleich zurück.

produzieren = herstellen　製造する	austauschen　交換する
e Fabrik　工場	denn　いったい
s Gerät　機器	da　その件については
über　以上	kurz mal　ちょっと
e Einführung　導入	nachfragen　聞いてみる
um 30 Prozent erhöhen　30 パーセント高める	zurückrufen　電話をかけ直す
e Reparatur　修理	

町の自動車修理工場

ドイツの自動車

1 受動 　 受動の助動詞 ＋ … ＋ 本動詞の過去分詞

Das Paket wird morgen abgeschickt. 　荷物はあした発送される.

受動の助動詞は werden

能動文の主語は受動文では von ＋ 3格となる. 原因、手段などには durch ＋ 4格を用いる.

能動文	Der Mechaniker repariert den Wagen.	整備工が車を修理する.
受動文	Der Wagen wird von dem Mechaniker repariert.	車は整備工によって修理される.
能動文	Der Roboter erleichtert viele Arbeiten.	ロボットが多くの仕事を軽減する.
受動文	Viele Arbeiten werden durch den Roboter erleichtert.	

　多くの仕事がロボットによって軽減される.

2 受動の現在形・過去形・現在完了形

現在形　　　　ich werde ... angerufen

　　　　　　　Ich werde von meiner Mutter angerufen. 　私は母から電話をもらう.

過去形　　　　ich wurde ... angerufen

　　　　　　　Ich wurde früher oft von meiner Mutter angerufen.

　　　　　　　　　　　　　　　　　　　　　　　　私は以前はよく母から電話をもらったものだった.

現在完了形　　ich bin ... angerufen worden

　　　　　　　Ich bin gestern von meiner Mutter angerufen worden.

　　　　　　　　　　　　　　　　　　　　　　　　私はきのう母から電話をもらったよ.

Der Schüler wird nach seinem Namen gefragt.	生徒は名前を尋ねられる.
Die Koffer werden direkt ins Hotel gebracht.	スーツケースは直接ホテルに運ばれる.
Ich wurde von Petra zur Party eingeladen.	ペートラからパーティに招待されました.
Von wem sind Sie abgeholt worden?	誰に迎えに来てもらったのですか？

3 能動文の格と受動文の格

能動文	Sie besucht ihn.	彼女は彼を訪ねる.
受動文	Er wird von ihr besucht.	
能動文	Sie schenkt ihm einen Rucksack.	彼女は彼にリュックサックをプレゼントする.
受動文	Ihm wird von ihr ein Rucksack geschenkt.	

自動詞も受動文をつくる. 受動文の文頭に es を置くこともある.

能動文	Sie hilft ihm.	彼女は彼を手伝う.
受動文	Ihm wird von ihr geholfen.	
	Es wird ihm von ihr geholfen.	

4 状態受動　sein + … + 過去分詞　　　　　　　　　　　　2-44

Der Wagen ist schon repariert.　　　　　　　　車はもう修理済みだ.

　参考　Der Wagen wird gerade repariert.　　　　　車はいま修理中だ.

Das Geschäft ist seit gestern geschlossen.　　その店はきのうから閉まっている.

Sind die Koffer schon gepackt?　　　　　　　　スーツケースの荷造りはもう済んだ？

5 過去分詞　　　　　　　　　　　　　　　　　　　　　　　　2-45

過去分詞は、完了形・受動文をつくるほか、形容詞としても用いられる.

　der reparierte Wagen　　修理済みの車

Ich esse zum Frühstück ein gekochtes Ei.　　私は朝食にゆで卵を食べる.

Frisch gebackenes Brot schmeckt gut.　　　焼きたてのパンはおいしい.

Der Verletzte wurde ins Krankenhaus gebracht.　けがをした男の人は病院に運ばれた.

6 現在分詞　　　　　　　　　　　　　　　　　　　　　　　　2-46

不定詞 + d　　　fahren → fahrend

　der fahrende Zug　　走っている列車

Das ist meine in Berlin studierende Schwester.　これがベルリンの大学で勉強している私の姉です.

Er kam lachend ins Zimmer.　　　　　　　　彼は笑いながら部屋に入ってきた.

Die Reisenden hatten viel Gepäck.　　　　　旅行者たちはたくさん荷物を持っていた.

形容詞になった過去分詞

besetzt	（席、トイレなどが）ふさがっている
reserviert	予約されている
verboten	禁止されている

ドイツの成績　1から4までが合格です.

1: sehr gut	秀
2: gut	優
3: befriedigend	良
4: ausreichend	可
5: mangelhaft	不可
6: ungenügend	不可

Citybike — ウィーンの自転車シェアリング

Übung 1　カッコ内の動詞をつかって受動文をつくり、和訳しよう.（4は現在完了形）

1.　A: Ist der Koffer schon im Zimmer?

　　B: Nein, aber er ＿＿＿＿＿＿＿ sofort ins Zimmer ＿＿＿＿＿＿＿. (bringen)

2.　A: Wie kommen die Gäste vom Flughafen zu uns?

　　B: Sie ＿＿＿＿＿＿＿ von Ludwig mit dem Auto ＿＿＿＿＿＿＿. (abholen)

3.　A: Hast du noch Kontakt mit Dieter?

　　B: Ja, ich ＿＿＿＿＿＿＿ manchmal von ihm ＿＿＿＿＿＿＿. (besuchen)

4.　A: Wie alt ist deine Universität?

　　B: Sie ＿＿＿＿＿＿＿ vor 100 Jahren ＿＿＿＿＿＿＿ ＿＿＿＿＿＿＿. (gründen)

Übung 2　a. b. c. を正しい語順にして、各文を和訳しよう.

1.　Die Geschäfte ＿＿＿＿＿＿＿ ＿＿＿＿＿＿＿ ＿＿＿＿＿＿＿ .

　　a. am Sonntag　　b. geschlossen　　c. sind

2.　Das gefundene Geld ＿＿＿＿＿＿＿ ＿＿＿＿＿＿＿ ＿＿＿＿＿＿＿ .

　　a. zur Polizei　　b. wurde　　c. gebracht

3.　Die Nudeln ＿＿＿＿＿＿＿ ＿＿＿＿＿＿＿ ＿＿＿＿＿＿＿ .

　　a. werden　　b. gegeben　　c. in das kochende Wasser

フランクフルト空港

Dialog 1

A: Wer ist der Student, der dort steht?

B: Der blonde?

A: Nein, der Student, den ich meine, hat schwarze Haare und eine Brille.

B: Ah, das ist Haruki aus Japan. Wir wohnen zusammen im Studentenheim.

A: In der Einsteinstraße?

B: Nein, das Studentenheim, in dem wir wohnen, ist in der Universitätsstraße.

Dialog 2

A: Wir sind mit der Arbeit fertig, Herr Kaufmann. Müssen wir noch hier bleiben?

B: Nein, wer fertig ist, kann schon essen gehen.

A: Und was machen wir am Nachmittag?

B: Was wir am Nachmittag machen, erkläre ich euch nach der Mittagspause.

meinen　言う
s Studentenheim = s Studentenwohnheim
am Nachmittag　午後に
e Mittagspause　昼休み

ミュンヘンの街角

1 関係文

関係文の定動詞は文末に置かれる．関係文はコンマで区切る．

関係代名詞の性と数は先行詞に一致する．

Das ist Herr Faber. Er arbeitet bei Audi.

Das ist **Herr Faber**, <u>**der** bei Audi **arbeitet**</u>. こちらはアウディ社にお勤めのファーバーさんです．
　　　　　先行詞　　　　　　　　　関係文

Der Wagen gehört mir. Er steht dort.

Der Wagen, <u>**der** dort **steht**</u>, gehört mir. あそこにある車は私のです．
　　　先行詞　　　　　　関係文

2 関係代名詞

	男性名詞単数	女性名詞単数	中性名詞単数	複　数
1格	der	die	das	die
2格	dessen	deren	dessen	deren
3格	dem	der	dem	denen
4格	den	die	das	die

Das Bild, das dort hängt, hat mein Großvater gemalt.

　　　　　　　　　　　　　あそこに掛かっている絵は私の祖父が描いたんですよ．

Wie teuer war der Wagen, den du gekauft hast? 君が買った車はいくらだったの？

Die Japanerin, der ich Deutschunterricht gebe, kommt aus Osaka.

　　　　　　　　　　　　　私がドイツ語を教えている日本人女性は大阪出身だ．

Ist die Karte, die ich dir aus Paris geschickt habe, schon angekommen?

　　　　　　　　　　　　　ぼくがパリから君に送った絵葉書はもう届いた？

Wem gehören die Bücher, die hier liegen? ここにある本は誰のですか？

Maya, deren Freund Deutscher ist, spricht sehr gut Deutsch.

　　　　　　　　　　　　　マヤは、ボーイフレンドがドイツ人で、ドイツ語がとてもうまい．

Meine Großeltern, denen ich Karten für die Oper geschenkt habe, haben sich sehr gefreut.

　　　　　　　　　　　　　祖父母は、私がオペラのチケットをプレゼントしたら、とても喜んだ．

3 前置詞＋関係代名詞

関係代名詞が前置詞を伴う場合、前置詞は関係代名詞の前に来る．

Wie heißt der Mann? Du hast mit dem Mann gesprochen.

Wie heißt **der Mann**, <u>**mit dem** du gesprochen hast</u>? 君が一緒に話していた男の人は何という名前？

Meine Tante, bei der ich wohne, ist Architektin. 私は叔母のところに住んでいるが、その叔母は建築家だ．

Das türkische Restaurant, in das ich manchmal gehe, ist sehr preiswert.

　　　　　　　　　　　　　私がときどき行くトルコ料理店はとても安くておいしいよ．

4 関係代名詞 wer と was

2-54

関係代名詞werとwasは不特定の人・不特定のものを表わす.

格変化は疑問詞wer, wasと同じ.

Wer fertig ist, kann schon nach Hause gehen.	終わった人はもう家に帰ってよろしい.
Was teuer ist, ist nicht immer gut.	値段の高いものがいつも良いものとは限らない.

Wer Sport treibt, bleibt gesund.	スポーツをする人は健康だ.
Was er dir gesagt hat, ist richtig.	彼が君に言ったことは正しい.

wasは前文の内容を受けることがある.

Er hat mir beim Umzug geholfen, was mich sehr gefreut hat.

彼は私の引っ越しを手伝ってくれた. そのことがとてもうれしかった.

Er kommt nicht, was ich sehr schade finde.　彼は来ない. 私はそれをとても残念に思う.

wasはnichts, alles, etwasなどを先行詞にすることがある.

Es gibt nichts, was er nicht kann.	彼にできないことは何もない.
Das ist alles, was ich habe.	私にはこれしかありません.

日本で読まれてきたドイツ語文学作品

ヘッセ Hermann Hesse（1877-1962）の小説『少年の日の思い出』*Jugendgedenken* が戦後日本の国語の教科書に掲載されるなど、ドイツ語文学作品は日本でも親しまれてきました. あなたはどの作品をご存じですか.

ゲーテ　Johann Wolfgang von Goethe (1749 - 1832)
　　　　［戯曲］*Faust*『ファウスト』(1808 / 1833)
　　　　　　真理を究めたいファウスト博士は悪魔メフィストフェレスと契約を結ぶが….
　　　　　　森林太郎（鷗外）が最初に完訳したことでも知られています.

シラー　Friedrich Schiller (1759 - 1805)
　　　　［詩］*An die Freude*『歓喜に寄す／喜びの歌』(1785)
　　　　　　ベートーベンの交響曲第九番「合唱付き」の歌詞として有名です.

ハイネ　Heinrich Heine (1797 - 1856)
　　　　［詩集］*Buch der Lieder*『歌の本』(1827)
　　　　　　ライン川の伝説と関わる収録詩『ローレライ』*Die Loreley*は近藤朔風の訳
　　　　　　詞「なじかは知らねど　心わびて」で親しまれています.

ゲーテ

カフカ　Franz Kafka (1883 - 1924)
　　　　［小説］*Die Verwandlung*『変身』(1915)
　　　　　　「ある朝、グレーゴル・ザムザがなにか気がかりな夢から目をさますと、自分
　　　　　　が寝床の中で一匹の巨大な虫に変っているのを発見した.」（高橋義孝訳）

マン　　Thomas Mann (1875 - 1955)
　　　　［小説］*Der Zauberberg*『魔の山』(1924)
　　　　　　第一次大戦前夜、暗雲ただようヨーロッパを背景に、スイスの結核療養所で
　　　　　　繰り広げられる長編「思索」小説です.

ライン渓谷中流上部

2-55 Übung 1　文を和訳しよう．また下線部をカッコ内の意味にして言いかえよう．

1. Die Fotos, <u>die du gemacht hast</u>, gefallen mir sehr.　　（彼が私に見せてくれた）
2. Woher kommt der Junge, <u>dem du Englischunterricht gibst</u>?　（君がきのう一緒に話していた）
3. Die Leute, <u>denen das Haus gehört</u>, kommen aus Bremen.　（その家を買った）
4. Kennst du das Mädchen, <u>mit dem er ins Konzert geht</u>?　（彼は待っている）

2-56 Übung 2　関係代名詞を補い、和訳しよう．

1. Der Bahnangestellte, _____ wir gefragt haben, war sehr freundlich.
2. Wie findest du den Mantel, _____ dort hängt?
3. In diesem Supermarkt gibt es alles, _____ wir für das Picknick brauchen.
4. Er hat mir zum Geburtstag Blumen geschenkt, _____ mich sehr gefreut hat.

君がとった写真…

2-57

Dialog

A: Entschuldigen Sie, fährt der Zug hier
　nach Düsseldorf?

B: Nein, der fährt nur bis Mainz. Den
　können Sie nicht nehmen.

A: Und der Zug dort auf Gleis 3?

B: Ja, mit dem können Sie fahren.

A: Wissen Sie, wann der Zug abfährt?

B: Das kann ich Ihnen leider nicht sagen.
　Aber dort drüben gibt es einen Fahrplan.

Gleis 3　3番線
r Fahrplan　時刻表

ミュンヘン中央駅のインフォメーション ©Richard Huber

エアフルト駅の近距離列車

ドイツの鉄道

1 関係副詞 wo, wohin, woher, warum など

疑問副詞は関係副詞としても用いられる.

Alex fährt nach **München**, <u>wo seine Freundin wohnt</u>. アレックスはガールフレンドの住んでいる
先行詞　　　　　関係文　　　　　　ミュンヘンに行く.

場所を表わす名詞の場合、in + 関係代名詞の代わりに、関係副詞 wo を用いることがある.

Die Stadt, wo ich geboren bin, liegt in Norddeutschland.　私が生まれた町は北ドイツにある.

= Die Stadt, in der ich geboren bin, liegt in Norddeutschland.

Kennen Sie hier ein Restaurant, wo man preiswert essen kann?

このあたりで手頃な値段のレストランをご存じですか？

2 指示代名詞

	男性名詞単数	女性名詞単数	中性名詞単数	複　数
1格	der	die	das	die
2格	dessen	deren	dessen	deren
3格	dem	der	dem	denen
4格	den	die	das	die

指示代名詞は物や人を指し示す. また、すでに挙げられた名詞を受けて、単独で主語や目的語になることがある.

指示代名詞 der

A: Hält der Bus an der Bibliothek?　　このバスは図書館に停まる？

B: Nein, der hält nur an der Uni. Den kannst du nicht nehmen.

いや、これは大学にしか停まらない. それには乗れないよ.

A: Was kostet die Brille?　　　　　　　この眼鏡はいくらですか？

B: Die kostet 350 Euro.　　　　　　　　これは350ユーロです.

Der Pullover gefällt mir. Den nehme ich.　このセーターが気に入った. これにします.

Das ist Akira. Von dem habe ich dir schon einmal erzählt.

この人は明君です. 彼のことは、君に以前話したよね.

Das ist Frau Weber. Mit der arbeite ich zusammen.

この方はヴェーバーさんです. 彼女と一緒に仕事をしています.

Jens geht mit Peter und dessen Schwester ins Kino. イェンスはペーターやペーターの妹と映画に行く.

指示代名詞 das には特別の使い方がある

紹介の das

> Das ist meine Tochter. 私の娘です.

> Das sind meine Bücher. これは私の本です.

前文の内容を受ける das

> Peter kommt auch. Das hat er mir versprochen.

> ペーターも来るよ. 約束してくれたんだ.

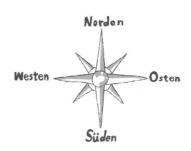

Übung 指示代名詞を補い、和訳しよう.

2-60

1. Die gelbe Jacke hier gefällt mir sehr gut. _____ nehme ich.

2. Wo ist der Autoschlüssel? ― Frag doch Michael! _____ weiß es bestimmt.

3. Kennst du ihren neuen Freund? ― Nein, _____ kenne ich noch nicht.

ロマンチック街道

ローテンブルク

ディンケルスビュールの
こども祭り

アウクスブルク

ヴィース教会

Lesetext Die Romantische Straße

Die Romantische Straße, die zwischen Füssen und Würzburg verläuft, ist ein beliebtes Reiseziel für Touristen.

In der Nähe von Füssen befindet sich das Schloss Neuschwanstein, von dem es heißt, dass es als Modell für das Dornröschenschloss des Disneylands in Kalifornien diente. Die weiter nördlich gelegene Stadt Augsburg, deren Geschichte bis in die Römerzeit reicht, war im Mittelalter und in der Neuzeit eine wichtige Handelsstadt.

Das kleine Städtchen Nördlingen, das für sein kreisrundes Stadtbild bekannt ist, ist von einer Stadtmauer umgeben, auf der man die ganze Stadt umrunden kann. Erst im Jahr 1960 hat man herausgefunden, dass das Städtchen in der Mitte eines Kraters liegt, der vor 15 Millionen Jahren durch den Einschlag eines Meteoriten entstanden ist.

Nördlich davon befinden sich die beiden Städte Dinkelsbühl und Rothenburg, in denen es zahlreiche historische Gebäude gibt. Das Rathaus von Rothenburg, das direkt am Marktplatz steht, ist besonders schön.

Würzburg am nördlichen Ende der Romantischen Straße gilt als die Stadt des Barock. Von der Festung Marienberg, die auf einer Anhöhe gelegen ist, hat man einen herrlichen Blick auf die Stadt und den Main. Auch für den Frankenwein ist die Stadt berühmt. Den kaufen die Touristen gern als Geschenk, weil er in einer schönen bauchigen Flasche – Bocksbeutel genannt – verkauft wird.

die Romantische Straße ロマンチック街道 ／ verlaufen（道が）走る ／ beliebt 人気のある ／ s Reiseziel（旅の）行き先 ／ sich befinden 在る ／ das Schloss Neuschwanstein ノイシュヴァーンシュタイン城 ／ als Modell für ~ dienen ～の原型となる ／ das Dornröschenschloss いばら姫（眠れる森の美女）の城 ／ die weiter nördlich gelegene Stadt さらに北に位置する町 ／ e Geschichte 歴史 ／ bis in die Römerzeit reichen ローマ時代にさかのぼる ／ s Mittelalter 中世 ／ e Neuzeit 近代 ／ eine wichtige Handelsstadt 重要な商業都市 ／ s Städtchen 小さな町 ／ kreisrund 円形の ／ s Stadtbild 町の姿 ／ e Stadtmauer 町を取り囲む壁 ／ umgeben sein 囲まれている ／ umrunden 一周する ／ erst やっと ／ herausfinden 発見する ／ e Mitte 中心 ／ r Krater クレーター ／ r Einschlag 落下 ／ r Meteorit 隕石 ／ entstehen 成立する ／ beide 二つの ／ historisch 歴史的な ／ r Marktplatz マルクト広場 ／ s Ende 終点 ／ als ~ gelten ～と見なされている ／ die Festung Marienberg マリーエンベルク要塞 ／ auf einer Anhöhe gelegen sein 丘の上にある ／ herrlich すばらしい ／ r Blick 眺め ／ der Main マイン川 ／ r Frankenwein フランケン地方のワイン ／ bauchig 胴体の丸い ／ ~ genannt ～と呼ばれる ／ verkaufen 売る

ドイツのビールとワイン

ネルトリンゲンの町を囲む市壁

Dialog 1

A: Was würdest du tun, wenn du mehr Freizeit hättest?

B: Ich würde Gitarre lernen. Außerdem ginge ich öfter ins Theater. Und du?

A: Wenn ich nicht so beschäftigt wäre, würde ich einen Spanischkurs machen. Ich will im Sommer nach Spanien fahren.

2-62

Dialog 2

A: Gestern war ich in einer Buchhandlung. Dort gab es zufällig eine Dichterlesung.

B: War sie interessant?

A: Ja, sehr. Ich hätte dich anrufen sollen, aber die Lesung hatte bereits angefangen.

B: Schade, da wäre ich auch gerne hingegangen.

2-63

e Freizeit 余暇	*e* Dichterlesung 作家による朗読会
außerdem ほかに	da そこへ
e Buchhandlung 書店	hingehen （ある場所へ）行く
zufällig 偶然に	

ベルリンの書店

ドイツの本屋

1 接続法第 2 式の基本形

	不定詞		過去基本形		接続法第 2 式基本形
規則動詞	kaufen	→	kaufte	=	kaufte
不規則動詞	gehen	→	ging	→	ginge
	haben	→	hatte	→	hätte
	sein	→	war	→	wäre

＊不規則動詞では a, o, u を含むときは変音（ウムラウト）する.

2 人称変化

1) kaufen → kaufte

ich	kaufte	wir	kauften
du	kauftest	ihr	kauftet
Sie	kauften	Sie	kauften
er/sie/es	kaufte	sie	kauften

2) haben → hätte

ich	hätte	wir	hätten
du	hättest	ihr	hättet
Sie	hätten	Sie	hätten
er/sie/es	hätte	sie	hätten

3) werden → würde

ich	würde	wir	würden
du	würdest	ihr	würdet
Sie	würden	Sie	würden
er/sie/es	würde	sie	würden

4) sein → wäre

ich	wäre	wir	wären
du	wär[e]st	ihr	wär[e]t
Sie	wären	Sie	wären
er/sie/es	wäre	sie	wären

2-64

3 非現実の仮定と推論

仮定　　　　　　　　　　推論
<u>Wenn ich Zeit hätte</u>, ginge ich mit dir ins Konzert.　時間があれば、君とコンサートに行くのだが.

Wenn ich Zeit hätte, würde ich mit dir ins Konzert gehen.

Hätte ich Zeit, ginge ich mit dir ins Konzert.

参考 Ich habe keine Zeit. Ich kann mit dir leider nicht ins Konzert gehen.

私は時間がない. 残念ながら君とコンサートに行かれない.

＊推論の部分には würde ＋…＋不定詞 がよく用いられる.
＊wenn を省略すると、定動詞は文頭に来る.

Wenn ich nicht so beschäftigt wäre, würde ich eine Reise machen.

こんなに忙しくなければ、旅行に行くのだが.

Was würdest du tun, wenn du der Chef wärst?　もし君が社長なら、どうする？

Spräche er gut Deutsch, hätte er sicher bessere Chancen.

ドイツ語がうまく話せれば、きっと彼はチャンスがもっとあるだろうに.

An deiner Stelle würde ich das nicht machen.　ぼくが君だったら、そんなことはしないだろう.

> 「だろう」のwerden
> werdenは推量を表わす助動詞としても用いられる.
>
> 　Herr Jung wird noch im Büro sein.
>
> ユングさんはまだオフィスにいるでしょう.

4 願望の表現　2-65

Wenn ich doch mehr Zeit hätte!　もっと時間があればなあ！

＊強調の副詞 doch, nur, bloß とともに用いられる.

Könnte ich doch in Deutschland studieren!　ドイツへ留学できればなあ！

Wenn ich nur ihren Namen wüsste!　彼女の名前がわかればなあ！

5 ていねいな依頼の表現　2-66

Ich hätte gern ein Bier, bitte!　ビールを一杯いただきたいのですが.

Ich hätte eine Frage.　質問があるのですが.

Wir würden uns freuen, wenn Sie einmal zu uns kämen.

一度私どものところへお越しいただければ嬉しいのですが.

Könnten Sie mir bitte sagen, wie ich zum Bahnhof komme?

駅までの行きかたを教えてくださいませんか？

6 過去の表現　2-67

過去を話題にするときは完了形を用いる.

　Wenn ich Zeit gehabt hätte, wäre ich ins Theater gegangen.

　時間があったなら、芝居を見に行っていたのに.

　habenを完了の助動詞とする場合　　er hätte ... gemacht

　seinを完了の助動詞とする場合　　er wäre ... gegangen

Wenn ich du gewesen wäre, hätte ich das nicht gemacht.

ぼくが君だったなら、そんなことはしなかっただろう.

Hätten Sie mir nicht geholfen, wäre ich mit der Arbeit nicht so schnell fertig geworden.

あなたが手伝ってくれていなかったら、私は仕事をこんなに早く終えられなかったでしょう.

Heute Morgen hätte ich den Zug fast verpasst.　今朝は電車に乗りそこなうところでした.

Übung　カッコ内の動詞を接続法第2式にして補い、和訳しよう.

1. Wenn er mehr Zeit _____ , _____ er eine Europareise machen. (haben / werden)

2. _____ ich morgen frei, _____ ich dir helfen. (haben / können)

3. Ich _____ das nicht tun, wenn ich du _____ . (werden / sein)

4. Wenn wir Karten _____ , _____ wir ins Konzert. (bekommen / gehen)

5. _____ ich nur seine Adresse! (wissen)

6. Ich _____ gern eine Tasse Kaffee, bitte. (haben)

7. _____ Sie mir das bitte noch einmal erklären? (werden)

8. _____ Sie mir bitte sagen, wie ich zum Dom komme? (können)

9. _____ ich doch mehr gelernt! (haben)

10. Heute Morgen _____ ich fast zu spät gekommen. (sein)

ベルリン大聖堂

Dialog

A: Hast du Gerd in der letzten Zeit gesehen?

B: Ja, letzte Woche. Er hat mir erzählt, er sei sehr beschäftigt, weil er seine Abschlussarbeit schreiben muss.

A: Was macht er denn, wenn er mit dem Studium fertig ist?

B: Er sagte mir, er habe die Prüfung für ein Stipendium bestanden und würde für ein Jahr nach Japan gehen, um dort weiterzustudieren.

2-69

in der letzten Zeit	最近
e Abschlussarbeit	卒業論文
bestehen	合格する
weiterstudieren	大学での勉強を続ける

上：ボン大学　　下左：ベルリン・フンボルト大学　　下右：ミュンヘン大学

1 接続法第1式の基本形

不定詞の語幹 + e　　 habe, komme, gehe ...

例外　sein → sei

2 人称変化

1) haben → habe

ich	habe	wir	haben
du	habest	ihr	habet
Sie	haben	Sie	haben
er/sie/es	habe	sie	haben

2) sein → sei

ich	sei	wir	seien
du	sei[e]st	ihr	sei[e]t
Sie	seien	Sie	seien
er/sie/es	sei	sie	seien

3 間接話法

2-70
1) 平叙文

直接話法　Herr Müller sagte: „Ich fahre heute nach Hamburg."

ミュラーさんは「私はきょうハンブルクに行きます」と言った.

間接話法　Herr Müller sagte, er fahre heute nach Hamburg.

Herr Müller sagte, dass er heute nach Hamburg fahre.

Christine sagte, sie sei etwas müde.　　クリスティーネは、自分は少し疲れている、と言った.

Gerd meinte, dass er großen Hunger habe und etwas essen wolle.

ゲルトは、とてもおなかがすいている、何か食べたい、と言った.

2-71
2) 疑問文

直接話法　Anna fragte mich: „Hat Klaus eine Freundin?"

アンナは私に「クラウスにガールフレンドはいるの？」と尋ねた.

間接話法　Anna fragte mich, ob Klaus eine Freundin habe.

直接話法　Sie fragte mich: „Wann bist du wieder zurück?"

彼女は私に「いつ戻ってるの？」と尋ねた.

間接話法　Sie fragte mich, wann ich wieder zurück sei.

Er fragte sie, ob sie am Wochenende Zeit habe.　　彼は彼女に、週末に時間があるかと尋ねた.

Ich fragte ihn, wohin er gehe.　　私は彼に、どこへ行くのか尋ねた.

3) 命令文

直接話法　Der Beamte sagte zu mir: „Bringen Sie morgen bitte Ihren Reisepass mit!"

役所の人が私に「あしたあなたのパスポートを持ってきてください」と言った.

間接話法　Der Beamte sagte mir, ich solle morgen meinen Reisepass mitbringen.

Der Beamte sagte mir, dass ich morgen meinen Reisepass mitbringen solle.

Der Arzt sagte mir, ich solle weniger rauchen.　　医師が私に、タバコを減らしなさい、と言った.

> 接続法第１式が直説法と同形になるときは接続法第２式を用いる
> Ich sagte ihm, ich hätte am Wochenende keine Zeit.
> 私は彼に、週末には時間がない、と言った.

4 過去の表現

過去を話題にするときは完了形を用いる.

Er sagte, er habe kein Geld gehabt und sei deshalb zu Hause geblieben.

お金がなかった、それで家にいた、と彼は言った.

haben を完了の助動詞とする場合　　　　　er habe ... gemacht

sein を完了の助動詞とする場合　　　　　er sei ... gegangen

Er antwortete, er habe den ganzen Tag gearbeitet.

彼は、一日じゅう仕事をしていた、と答えた.

Helga fragte mich, was ich gestern gemacht hätte.

ヘルガは私に、きのう何をしたか、と尋ねた.

Ich habe gehört, dass sie schon einmal in Kyoto gewesen sei.

彼女は一度もう京都に行ったことがあると私は聞いています.

Übung   和訳し、接続法を使って言いかえよう.

1. Frau Müller sagte: „Ich muss am Nachmittag einkaufen gehen."

    → Frau Müller sagte, _____ _____ am Nachmittag einkaufen gehen.

2. Martin sagte: „Ich habe Hunger und will auch etwas trinken."

    → Martin sagte, _____ _____ Hunger und _____ auch etwas trinken.

3. Robert fragte mich: „Bist du schon müde?"

    → Robert fragte mich, ob _____ schon müde _____.

4. Petra fragte uns: „Wann fangen eure Ferien an?"

    → Petra fragte uns, wann unsere Ferien _____.

5. Helga fragte Klaus: „Was hast du am Sonntag gemacht?"

    → Helga fragte Klaus, was _____ am Sonntag gemacht _____.

6. Herr und Frau Färber sagten: „Wir waren schon einmal in Japan."

    → Herr und Frau Färber sagten, _____ _____ schon einmal in Japan _____.

おいしいね! ドイツ

ドイツの軽食

Lektion 20　　接続詞（2）、ことわざ・名言

1 従属の接続詞

2-75

damit ...　〜するために	wenn auch ...　たとえ〜であっても
so dass ...　その結果〜	als ob ...　あたかも〜であるかのように

1） wenn auch

Wer einmal lügt, dem glaubt man nicht, wenn er auch die Wahrheit spricht.

lügen　嘘をつく　　e Wahrheit　真実

2） als ob

Lerne, als ob du ewig lebtest, aber lebe, als ob du morgen sterben müsstest.

Rabindranath Tagore (1861-1941, indischer Dichter und Philosoph)

ewig　永遠に　　sterben　死ぬ

2 副詞的接続詞

2-76

deshalb　それだから	deswegen　それだから	trotzdem　それにもかかわらず

1） deshalb

Heute ist morgen schon gestern, deshalb sollte man so leben, dass man sich an heute gern erinnert.

2） trotzdem

Wenn fünfzig Millionen Menschen etwas Dummes sagen, bleibt es trotzdem eine Dummheit.

Anatole France (1844-1924, französischer Schriftsteller)

dumm　愚かな

3 相関的接続詞

2-77

zwar ... aber ...　たしかに〜ではあるが、しかし〜

nicht nur ... , sondern auch ...　〜だけでなく、〜も

entweder ... oder ...　〜か、または〜

weder ... noch ...　〜でもなければ〜でもない

so ... wie ...　〜と同じように〜

1) entweder ... oder ...

Entweder wir finden einen Weg, oder wir machen einen.

Hannibal (247-183/182 v. Chr., Feldherr der Antike)

2) zwar ... aber ...

Alter macht zwar weiß, aber nicht immer weise.

weiß 白い、白髪の　　weise 賢い

3) nicht nur ... sondern auch ...

Verantwortlich ist man nicht nur für das, was man tut, sondern auch für das, was man nicht tut.

Laozi (legendärer chinesischer Philosoph)

verantwortlich 責任がある　　tun 行う、する　　Laozi 老子

4) so ... wie ...

Eine Forelle im Topf ist mindestens so gut wie zwei Lachse im Meer.

Sprichwort aus Irland

e Forelle 鱒　　r Lachs 鮭　　mindestens 少なくとも　　r Topf なべ

ドイツの自然科学者

ドイツは自然科学の分野で有名な学者を輩出しています．高校時代からお馴染みのあの人も、最近講義で出てきたこの人も、ドイツ生まれだったりするのです．彼らの残した論文にトライしてみてはいかがでしょうか．

ケプラー	1571-1630	天文学　Johannes Kepler
ライプニッツ	1646-1716	数学、哲学　Gottfried Wilhelm Leibniz
ガウス	1777-1855	数学、天文学、物理学　Carl Friedrich Gauß
オーム	1789-1854	物理学　Georg Simon Ohm
リービッヒ	1803-1873	化学　Justus von Liebig
キルヒホフ	1824-1887	物理学　Gustav Robert Kirchhoff
ケクレ	1829-1896	化学　Friedrich August Kekulé von Stradonitz
シュヴァルツ	1843-1921	数学　Karl Hermann Amandus Schwarz
ヘルツ	1857-1894	物理学　Heinrich Rudolf Hertz
ハーバー	1868-1934	物理学、化学　Fritz Haber
ボッシュ	1874-1940	化学　Carl Bosch
アインシュタイン	1879-1955	物理学　Albert Einstein

＊

＊

＊

各文法項目の変化表

1 動詞の現在人称変化

不定詞	wohnen	sein	haben	werden
ich	wohne	**bin**	habe	werde
du	wohnst	**bist**	**hast**	**wirst**
er/sie/es	wohnt	**ist**	**hat**	**wird**
wir	wohnen	sind	haben	werden
ihr	wohnt	**seid**	habt	werdet
sie/Sie	wohnen	sind	haben	werden

2 定冠詞の格変化

	男性	女性	中性	複数
1格	der	die	das	die
2格	des	der	des	der
3格	dem	der	dem	den
4格	den	die	das	die

3 不定冠詞の格変化

	男性	女性	中性
1格	ein	eine	ein
2格	eines	einer	eines
3格	einem	einer	einem
4格	einen	eine	ein

4 人称代名詞

1格	ich	du	er	sie	es	wir	ihr	sie	Sie
3格	mir	dir	ihm	ihr	ihm	uns	euch	ihnen	Ihnen
4格	mich	dich	ihn	sie	es	uns	euch	sie	Sie

5 定冠詞類の格変化

	男性	女性	中性	複数
1格	dieser	diese	dieses	diese
2格	dieses	dieser	dieses	dieser
3格	diesem	dieser	diesem	diesen
4格	diesen	diese	dieses	diese

6 不定冠詞類の格変化

	男性	女性	中性	複数
1格	mein	meine	mein	meine
2格	meines	meiner	meines	meiner
3格	meinem	meiner	meinem	meinen
4格	meinen	meine	mein	meine

7 話法の助動詞の現在人称変化

不定詞	dürfen	können	mögen	müssen	sollen	wollen	(möchte)
ich	**darf**	**kann**	**mag**	**muss**	**soll**	**will**	**möchte**
du	**darfst**	**kannst**	**magst**	**musst**	**sollst**	**willst**	**möchtest**
er/sie/es	**darf**	**kann**	**mag**	**muss**	**soll**	**will**	**möchte**
wir	dürfen	können	mögen	müssen	sollen	wollen	möchten
ihr	dürft	könnt	mögt	müsst	sollt	wollt	möchtet
sie/Sie	dürfen	können	mögen	müssen	sollen	wollen	möchten

8 形容詞の格変化

(1) 定冠詞(類)＋形容詞＋名詞

	男 性	女 性	中 性	複 数
1 格	der neue Wagen	die neue Tasche	das neue Fahrrad	die neuen Bücher
2 格	des neuen Wagens	der neuen Tasche	des neuen Fahrrad[e]s	der neuen Bücher
3 格	dem neuen Wagen	der neuen Tasche	dem neuen Fahrrad	den neuen Büchern
4 格	den neuen Wagen	die neue Tasche	das neue Fahrrad	die neuen Bücher

(2) 不定冠詞(類)＋形容詞＋名詞

	男 性	女 性	中 性	複 数
1 格	ein neuer Wagen	eine neue Tasche	ein neues Fahrrad	meine neuen Bücher
2 格	eines neuen Wagens	einer neuen Tasche	eines neuen Fahrrad[e]s	meiner neuen Bücher
3 格	einem neuen Wagen	einer neuen Tasche	einem neuen Fahrrad	meinen neuen Büchern
4 格	einen neuen Wagen	eine neue Tasche	ein neues Fahrrad	meine neuen Bücher

(3) (冠詞(類)なし) 形容詞＋名詞

	男 性	女 性	中 性	複 数
1 格	guter Wein	frische Milch	kaltes Wasser	kurze Haare
2 格	guten Wein[e]s	frischer Milch	kalten Wassers	kurzer Haare
3 格	gutem Wein	frischer Milch	kaltem Wasser	kurzen Haaren
4 格	guten Wein	frische Milch	kaltes Wasser	kurze Haare

9 動詞の過去人称変化

不定詞	wohnen	sein	haben	werden
過去基本形	wohnte	war	hatte	wurde
ich	wohnte	war	hatte	wurde
du	wohntest	warst	hattest	wurdest
er/sie/es	wohnte	war	hatte	wurde
wir	wohnten	waren	hatten	wurden
ihr	wohntet	wart	hattet	wurdet
sie/Sie	wohnten	waren	hatten	wurden

10 関係代名詞

	男 性	女 性	中 性	複 数
1 格	der	die	das	die
2 格	**dessen**	**deren**	**dessen**	**deren**
3 格	dem	der	dem	**denen**
4 格	den	die	das	die

主要不規則動詞変化表

不定詞		直説法現在	過去基本形	接続法第Ⅱ式	過去分詞
backen （パンなどを）焼く	du er	bäckst (backst) bäckt (backt)	backte (buk)	backte (büke)	gebacken
befehlen 命令する	du er	befiehlst befiehlt	befahl	befähle/ beföhle	befohlen
beginnen 始める、始まる			begann	begänne/ begönne	begonnen
bieten 提供する			bot	böte	geboten
binden 結ぶ			band	bände	gebunden
bitten 頼む			bat	bäte	gebeten
bleiben とどまる			blieb	bliebe	geblieben
braten （肉などを）焼く	du er	brätst brät	briet	briete	gebraten
brechen 破る、折る	du er	brichst bricht	brach	bräche	gebrochen
brennen 燃える			brannte	brennte	gebrannt
bringen 運ぶ、持ってくる			brachte	brächte	gebracht
denken 考える			dachte	dächte	gedacht
dürfen …してもよい	ich du er	darf darfst darf	durfte	dürfte	gedurft (dürfen)
empfehlen 推薦する	du er	empfiehlst empfiehlt	empfahl	empföhle/ empfähle	empfohlen
erschrecken 驚く	du er	erschrickst erschrickt	erschrak	erschräke	erschrocken
essen 食べる	du er	isst isst	aß	äße	gegessen
fahren （乗物で）行く	du er	fährst fährt	fuhr	führe	gefahren
fallen 落ちる	du er	fällst fällt	fiel	fiele	gefallen

不定詞		直説法現在	過去基本形	接続法第Ⅱ式	過去分詞
fangen 捕える	*du* *er*	fängst fängt	fing	finge	gefangen
finden 見つける			fand	fände	gefunden
fliegen 飛ぶ			flog	flöge	geflogen
fliehen 逃げる			floh	flöhe	geflohen
fließen 流れる			floss	flösse	geflossen
frieren 凍る			fror	fröre	gefroren
geben 与える	*du* *er*	gibst gibt	gab	gäbe	gegeben
gehen 行く			ging	ginge	gegangen
gelingen 成功する			gelang	gelänge	gelungen
gelten 値する、有効である	*du* *er*	giltst gilt	galt	gölte	gegolten
genießen 享受する、楽しむ			genoss	genösse	genossen
geschehen 起こる	*es*	geschieht	geschah	geschähe	geschehen
gewinnen 獲得する、勝つ			gewann	gewönne/ gewänne	gewonnen
graben 掘る	*du* *er*	gräbst gräbt	grub	grübe	gegraben
greifen つかむ			griff	griffe	gegriffen
haben 持っている	*ich* *du* *er*	habe hast hat	hatte	hätte	gehabt
halten 持って（つかんで）いる	*du* *er*	hältst hält	hielt	hielte	gehalten
hängen 掛っている			hing	hinge	gehangen
heben 持ち上げる			hob	höbe	gehoben

不定詞		直説法現在	過去基本形	接続法第Ⅱ式	過去分詞
heißen …と呼ばれる、という名前である			hieß	hieße	geheißen
helfen 助ける	du er	hilfst hilft	half	hülfe/ hälfe	geholfen
kennen 知る			kannte	kennte	gekannt
kommen 来る			kam	käme	gekommen
können …できる	ich du er	kann kannst kann	konnte	könnte	gekonnt (können)
laden （荷を）積む	du er	lädst lädt	lud	lüde	geladen
lassen …させる	du er	lässt lässt	ließ	ließe	gelassen (lassen)
laufen 走る	du er	läufst läuft	lief	liefe	gelaufen
leiden 悩む、苦しむ			litt	litte	gelitten
leihen 貸す、借りる			lieh	liehe	geliehen
lesen 読む	du er	liest liest	las	läse	gelesen
liegen 横たわっている			lag	läge	gelegen
lügen うそをつく			log	löge	gelogen
messen 測る	du er	misst misst	maß	mäße	gemessen
mögen …かもしれない	ich du er	mag magst mag	mochte	möchte	gemocht (mögen)
müssen …ねばならない	ich du er	muss musst muss	musste	müsste	gemusst (müssen)
nehmen 取る	du er	nimmst nimmt	nahm	nähme	genommen
nennen …と呼ぶ			nannte	nennte	genannt

不定詞	直説法現在		過去基本形	接続法第Ⅱ式	過去分詞
raten 助言する	du er	rätst rät	riet	riete	geraten
reißen 引きちぎる	du er	reißt reißt	riss	risse	gerissen
reiten (馬で) 行く			ritt	ritte	geritten
rennen 走る			rannte	rennte	gerannt
rufen 叫ぶ、呼ぶ			rief	riefe	gerufen
schaffen 創造する			schuf	schüfe	geschaffen
scheinen 輝く、思われる			schien	schiene	geschienen
schieben 押す			schob	schöbe	geschoben
schießen 撃つ			schoss	schösse	geschossen
schlafen 眠っている	du er	schläfst schläft	schlief	schliefe	geschlafen
schlagen 打つ	du er	schlägst schlägt	schlug	schlüge	geschlagen
schließen 閉じる			schloss	schlösse	geschlossen
schmelzen 溶ける	du er	schmilzt schmilzt	schmolz	schmölze	geschmolzen
schneiden 切る			schnitt	schnitte	geschnitten
schreiben 書く			schrieb	schriebe	geschrieben
schreien 叫ぶ			schrie	schrie	geschrien
schweigen 沈黙する			schwieg	schwiege	geschwiegen
schwimmen 泳ぐ			schwamm	schwömme	geschwommen
schwinden 消える			schwand	schwände	geschwunden

不定詞		直説法現在	過去基本形	接続法第Ⅱ式	過去分詞
sehen 見る	*du* *er*	siehst sieht	sah	sähe	gesehen
sein …である	*ich* *du* *er* *wir* *ihr* *sie*	bin bist ist sind seid sind	war	wäre	gewesen
senden 送る（、放送する）			sandte/ sendete	sendete	gesandt/ gesendet
singen 歌う			sang	sänge	gesungen
sinken 沈む			sank	sänke	gesunken
sitzen 座っている	*du* *er*	sitzt sitzt	saß	säße	gesessen
sollen …すべきである	*ich* *du* *er*	soll sollst soll	sollte	sollte	gesollt (sollen)
sprechen 話す	*du* *er*	sprichst spricht	sprach	spräche	gesprochen
springen 跳ぶ			sprang	spränge	gesprungen
stechen 刺す	*du* *er*	stichst sticht	stach	stäche	gestochen
stehen 立っている			stand	stände/ stünde	gestanden
stehlen 盗む	*du* *er*	stiehlst stiehlt	stahl	stähle/ stöhle	gestohlen
steigen 登る			stieg	stiege	gestiegen
sterben 死ぬ	*du* *er*	stirbst stirbt	starb	stürbe	gestorben
stoßen 突く	*du* *er*	stößt stößt	stieß	stieße	gestoßen
streichen なでる			strich	striche	gestrichen
streiten 争う			stritt	stritte	gestritten

不定詞		直説法現在	過去基本形	接続法第Ⅱ式	過去分詞
tragen 運ぶ	du er	trägst trägt	trug	trüge	getragen
treffen 当たる、会う	du er	triffst trifft	traf	träfe	getroffen
treiben 追い立てる			trieb	triebe	getrieben
treten 歩む、踏む	du er	trittst tritt	trat	träte	getreten
trinken 飲む			trank	tränke	getrunken
tun する	ich du er	tue tust tut	tat	täte	getan
vergessen 忘れる	du er	vergisst vergisst	vergaß	vergäße	vergessen
verlieren 失う			verlor	verlöre	verloren
wachsen 成長する	du er	wächst wächst	wuchs	wüchse	gewachsen
waschen 洗う	du er	wäschst wäscht	wusch	wüsche	gewaschen
wenden 向ける、裏返す			wandte/ wendete	wendete	gewandt/ gewendet
werben 得ようと努める	du er	wirbst wirbt	warb	würbe	geworben
werden …になる	du er	wirst wird	wurde	würde	geworden (worden)
werfen 投げる	du er	wirfst wirft	warf	würfe	geworfen
wissen 知る	ich du er	weiß weißt weiß	wusste	wüsste	gewusst
wollen …しようと思う	ich du er	will willst will	wollte	wollte	gewollt (wollen)
ziehen 引く、移動する			zog	zöge	gezogen
zwingen 強要する			zwang	zwänge	gezwungen

●編著者

秋葉裕一：早稲田大学理工学術院名誉教授

石井道子：早稲田大学理工学術院教授

中村采女：早稲田大学理工学術院名誉教授

Wolfgang Schlecht：早稲田大学理工学術院教授

●改訂版協力者

西口拓子：早稲田大学理工学術院教授

- Dialog イラスト／吉岡悠理
- 本文中のイラスト／駿高泰子(Yasuco Sudaka)、
  小熊未央
- 付録 Verben イラスト／布施比夜子
- 写　真／W. シュレヒト、西口拓子、若林 萌、
  フォトフジ、shutterstock
- 協　力／B. ヴォンデ
- 表　紙／小林正明

---

ideal　例文で学ぶドイツ語文法　改訂版

©2017 年 1 月 30 日　　　第 1 版発行
©2023 年 1 月 30 日　改訂版　第 3 刷発行

検印
省略

編著者　　　　　　　　秋　葉　裕　一
　　　　　　　　　　　石　井　道　子
　　　　　　　　　　　中　村　采　女
　　　　　　　　　　　Wolfgang Schlecht

発行者　　　　　　　　原　　雅　久
発行所　　　　　　株式会社 朝日出版社
　　　〒101-0065 東京都千代田区西神田 3-3-5
　　　　　電話　(03) 3239-0271・72（直通）
　　　　　振替口座　東京　00140-2-46008
　　　　　　　　　　組版／メディアアート

ISBN 978-4-255-25425-8 C1084
http://www.asahipress.com

88 Verben

- ● イラスト付き会話文* ●
- ● 現在人称変化 ●
- ● 3 基本形 ●
- ● 関連表現 ●

* http://text.asahipress.com/free/german/ideal_88Verben/

88 Verben

1 abfahren 👉 （乗り物が/乗り物で）出発する

depart

A: Wo fährt der Bus ab?

B: Er fährt vor dem Hotel ab.

A: バスはどこから発車しますか？

B: ホテルの前から出ます．

現在人称変化		3基本形
ich fahre ... ab	wir fahren ... ab	abfahren
du fährst ... ab	ihr fahrt ... ab	fuhr ... ab
er fährt ... ab	sie fahren ... ab	ist ... abgefahren
Sie fahren ... ab		

★ e Abfahrt　出発

2 anfangen 👉 始める，始まる

start, begin

A: Wann fangen die Ferien an?

B: Sie fangen nächste Woche an.

A: 休暇はいつ始まるの？

B: 来週から始まるよ．

現在人称変化		3基本形
ich fange ... an	wir fangen ... an	anfangen
du fängst ... an	ihr fangt ... an	fing ... an
er fängt ... an	sie fangen ... an	hat ... angefangen
Sie fangen ... an		

★ r Anfang　初め、始まり、開始

3 ankommen 👉 到着する

arrive

A: Um wie viel Uhr kommt der Zug an?

B: Er kommt um halb zwölf an.

A: 列車は何時に到着しますか？

B: 11時半に到着します．

現在人称変化		3基本形
ich komme ... an	wir kommen ... an	ankommen
du kommst ... an	ihr kommt ... an	kam ... an
er kommt ... an	sie kommen ... an	ist ... angekommen
Sie kommen ... an		

★ e Ankunft　到着

4 anrufen 👉 電話をかける

call, give a call

A: Ruf mich heute Abend bitte an!

B: Ja, mache ich.

A: 今晩、電話してね！

B: ええ、そうします．

現在人称変化		3基本形
ich rufe ... an	wir rufen ... an	anrufen
du rufst ... an	ihr ruft ... an	rief ... an
er ruft ... an	sie rufen ... an	hat ... angerufen
Sie rufen ... an		

★ einen Anruf bekommen　電話をもらう

5　antworten  返事する，解答する
answer

A: Hat er schon geantwortet?

B: Nein, leider noch nicht.

A: 彼はもう返事をした？

B: いえ、残念ながらまだなの.

現在人称変化		3基本形
ich antworte	wir antworten	antworten
du antwortest	ihr antwortet	antwortete
er antwortet	sie antworten	hat ... geantwortet
Sie antworten		

★ e Antwort　答え、返事

6　arbeiten  働く，勉強する
work, study

A: Wo arbeiten Sie?

B: Ich arbeite bei Audi.

A: どこで仕事をしていますか？

B: アウディ社に勤めています.

現在人称変化		3基本形
ich arbeite	wir arbeiten	arbeiten
du arbeitest	ihr arbeitet	arbeitete
er arbeitet	sie arbeiten	hat ... gearbeitet
Sie arbeiten		

★ e Arbeit　仕事

7　aufhören  やめる，やむ
stop, cease

A: Regnet es noch?

B: Nein, es hat aufgehört.

A: 雨はまだ降っているの？

B: いいえ、やみました.

現在人称変化		3基本形
ich höre ... auf	wir hören ... auf	aufhören
du hörst ... auf	ihr hört ... auf	hörte ... auf
er hört ... auf	sie hören ... auf	hat ... aufgehört
Sie hören ... auf		

★ Hör auf!　やめろ！

8　aufstehen  起きる，立ち上がる
get up, stand up

A: Wann stehst du immer auf?

B: Um halb sieben.

A: いつも何時に起きるの？

B: 6時半です.

現在人称変化		3基本形
ich stehe ... auf	wir stehen ... auf	aufstehen
du stehst ... auf	ihr steht ... auf	stand ... auf
er steht ... auf	sie stehen ... auf	ist ... aufgestanden
Sie stehen ... auf		

★ Steh bitte mal auf!　ちょっと立って！

9 bekommen 👉 もらう

get, receive

A: Was hast du zum Geburtstag bekommen?　A: 誕生日に何をもらった？

B: Eine DVD und ein Buch.　B: ＤＶＤと本.

現在人称変化		3基本形
ich bekomme	wir bekommen	bekommen
du bekommst	ihr bekommt	bekam
er bekommt	sie bekommen	hat ... bekommen
Sie bekommen		

★ ein Stipendium bekommen　奨学金をもらう

10 besuchen 👉 訪問する

visit

A: Besuchen Sie uns doch einmal!　A: 私どものところに一度お越しください！

B: Ja, gern. Vielen Dank!　B: はい、喜んで. ありがとうございます.

現在人称変化		3基本形
ich besuche	wir besuchen	besuchen
du besuchst	ihr besucht	besuchte
er besucht	sie besuchen	hat ... besucht
Sie besuchen		

★ einen Sprachkurs besuchen　語学講習に通う

11 bitten 👉 頼む

beg, request

A: Ich möchte Sie um etwas bitten.　A: お頼みしたいことがあるのですが.

B: Gern, was kann ich für Sie tun?　B: いいですよ、どんなことですか？

現在人称変化		3基本形
ich bitte	wir bitten	bitten
du bittest	ihr bittet	bat
er bittet	sie bitten	hat ... gebeten
Sie bitten		

★ Bitte schön!　どうぞ. ／どういたしまして.

12 bleiben 👉 留まる，滞在する

stay

A: Wie lange bleibst du in Deutschland?　A: ドイツにはどのくらい滞在するの？

B: Ich bleibe zehn Tage.　B: 10日滞在します.

現在人称変化		3基本形
ich bleibe	wir bleiben	bleiben
du bleibst	ihr bleibt	blieb
er bleibt	sie bleiben	ist ... geblieben
Sie bleiben		

★ Bleiben Sie bitte hier!　ここにいてください.

13　brauchen　　必要である　　*need*

A: Brauchen Sie eine Tüte?
B: Nein, danke. Ich habe eine Tasche.

A: 袋はいりますか？
B: いいえ、けっこうです.
　バッグを持っていますから.

現在人称変化		3基本形
ich brauche	wir brauchen	brauchen
du brauchst	ihr braucht	brauchte
er braucht	sie brauchen	hat ... gebraucht
Sie brauchen		

★ Sie brauchen nicht zu warten.　お待ちになる必要はありません.

14　bringen　　持ってくる　　*bring*

A: Bringst du mir bitte die Zeitung?
B: Wo ist sie denn?

A: 新聞を私のところに持ってきてくれる？
B: 新聞はどこにあるの？

現在人称変化		3基本形
ich bringe	wir bringen	bringen
du bringst	ihr bringt	brachte
er bringt	sie bringen	hat ... gebracht
Sie bringen		

★ Ich bringe Sie zum Bahnhof.　駅までお送りします.

15　danken　　感謝する　　*thank*

A: Ich danke Ihnen für Ihre Hilfe!
B: Gern geschehen!

A: お手伝いいただきありがとうございました.
B: どういたしまして！

現在人称変化		3基本形
ich danke	wir danken	danken
du dankst	ihr dankt	dankte
er dankt	sie danken	hat ... gedankt
Sie danken		

★ Danke schön!　どうもありがとう！

16　dauern　　（時間が）かかる，継続する　　*last*

A: Wie lange dauert der Unterricht?
B: Er dauert 90 Minuten.

A: 授業時間はどれぐらいですか？
B: 授業は90分です.

現在人称変化		3基本形
es dauert	sie dauern	dauern
		dauerte
		hat ... gedauert

★ e Dauer　期間

17　denken 👉 考える，思う　*think*

A: Ich denke, dass es heute vielleicht noch schneien wird.
B: Ja, das kann sein.

A: きょうはひょっとすると雪になるかもしれない.
B: ええ，そうかもしれません.

現在人称変化		3基本形
ich denke	wir denken	denken
du denkst	ihr denkt	dachte
er denkt	sie denken	hat ... gedacht
Sie denken		

★ Was denkst du? どう思う?

18　einkaufen 👉 買い物をする　*buy, shop*

A: Wo kaufst du immer ein?
B: Meistens im Supermarkt.

A: いつもどこで買い物をするの?
B: たいていスーパーマーケットで.

現在人称変化		3基本形
ich kaufe ... ein	wir kaufen ... ein	einkaufen
du kaufst ... ein	ihr kauft ... ein	kaufte ... ein
er kauft ... ein	sie kaufen ... ein	hat ... eingekauft
Sie kaufen ... ein		

★ s Einkaufszentrum ショッピングセンター

19　einladen 👉 招待する　*invite*

A: Ich möchte Sie zu meiner Geburtstagsfeier einladen.
B: Vielen Dank, das ist sehr nett.

A: あなたを私の誕生パーティーにご招待したいのですが.
B: ご親切にありがとうございます.

現在人称変化		3基本形
ich lade ... ein	wir laden ... ein	einladen
du lädst ... ein	ihr ladet ... ein	lud ... ein
er lädt ... ein	sie laden ... ein	hat ... eingeladen
Sie laden ... ein		

★ e Einladung 招待

20　erinnern 👉 思い出させる　*remind*

A: Erinnerst du dich an Julia?
B: Klar! Was macht sie denn jetzt?

A: きみはユーリアのことを覚えている?
B: もちろん! いま彼女はどうしているの?

現在人称変化		3基本形
ich erinnere	wir erinnern	erinnern
du erinnerst	ihr erinnert	erinnerte
er erinnert	sie erinnern	hat ... erinnert
Sie erinnern		

★ e Erinnerung 思い出

21 erklären 👉 説明する
explain

A: Wie macht man das?

B: Moment, ich erkläre es dir.

A: これはどんなふうにするの？

B: ちょっと待って、説明してあげる.

現在人称変化		3基本形
ich erkläre	wir erklären	erklären
du erklärst	ihr erklärt	erklärte
er erklärt	sie erklären	hat ... erklärt
Sie erklären		

★ e Erklärung　説明

22 essen 👉 食べる
eat

A: Isst du gern Obst?

B: Ja, besonders Äpfel.

A: 果物は好きですか？

B: ええ、とくにリンゴがね.

現在人称変化		3基本形
ich esse	wir essen	essen
du isst	ihr esst	aß
er isst	sie essen	hat ... gegessen
Sie essen		

★ s Essen　食事

23 fahren 👉 （乗り物が / 乗り物で）行く
drive, go (by ...)

A: Wohin fahrt ihr im Sommer?

B: Wir fahren nach Portugal.

A: きみたちは夏にどこへ出かけるの？

B: ポルトガルへ行きます.

現在人称変化		3基本形
ich fahre	wir fahren	fahren
du fährst	ihr fahrt	fuhr
er fährt	sie fahren	ist ... gefahren
Sie fahren		

★ e Fahrt　走行、ドライブ

24 fernsehen 👉 テレビを見る
watch TV

A: Siehst du oft fern?

B: Ja, meistens am Abend.

A: テレビはよく見る？

B: ええ、たいていは夜に.

現在人称変化		3基本形
ich sehe ... fern	wir sehen ... fern	fernsehen
du siehst ... fern	ihr seht ... fern	sah ... fern
er sieht ... fern	sie sehen ... fern	hat ... ferngesehen
Sie sehen ... fern		

★ r Fernseher　テレビ

25　finden　　見つける，思う　　*find*

A: Ich finde meinen Schlüssel nicht!　　A: 鍵が見つからない！

B: Dort ist er!　　B: あそこにあるよ！

現在人称変化		3基本形
ich finde	wir finden	finden
du findest	ihr findet	fand
er findet	sie finden	hat ... gefunden
Sie finden		

★ Ich finde deinen Plan gut. 君のプラン、いいね.

26　fliegen　　飛ぶ，飛行機で行く　　*fly*

A: Wann fliegst du nach Deutschland?　　A: ドイツへ飛ぶのはいつ？

B: Im Mai.　　B: 5月に.

現在人称変化		3基本形
ich fliege	wir fliegen	fliegen
du fliegst	ihr fliegt	flog
er fliegt	sie fliegen	ist ... geflogen
Sie fliegen		

★ *s* Flugzeug　飛行機

27　fragen　　尋ねる，聞く　　*ask*

A: Darf ich Sie fragen, wie alt Sie sind?　　A: 年齢はおいくつか、お尋ねしてよろしいですか？

B: Ich bin 23.　　B: 23歳です.

現在人称変化		3基本形
ich frage	wir fragen	fragen
du fragst	ihr fragt	fragte
er fragt	sie fragen	hat ... gefragt
Sie fragen		

★ *e* Frage　質問

28　freuen　　喜ばせる　　*please*

A: Ich freue mich, Sie kennenzulernen.　　A: お近づきになれて嬉しいです.

B: Ganz meinerseits.　　B: こちらこそ.

現在人称変化		3基本形
ich freue	wir freuen	freuen
du freust	ihr freut	freute
er freut	sie freuen	hat ... gefreut
Sie freuen		

★ *e* Freude　喜び

29 geben 👉 与える

give

A: Gibst du mir bitte die Sojasoße?

B: Gern! Hier, bitte schön!

A: 醤油を取ってくれる？

B: いいよ！　さあ、どうぞ！

現在人称変化		3基本形
ich gebe	wir geben	geben
du gibst	ihr gebt	gab
er gibt	sie geben	hat ... gegeben
Sie geben		

★ Gibt es hier eine Toilette?　ここにトイレはありますか？

30 gefallen 👉 気に入る

like

A: Wie gefällt es Ihnen in Japan?

B: Es gefällt mir hier sehr gut.

A: 日本はいかがですか？

B: ここはとても気に入っていますよ.

現在人称変化		3基本形
ich gefalle	wir gefallen	gefallen
du gefällst	ihr gefallt	gefiel
er gefällt	sie gefallen	hat ... gefallen
Sie gefallen		

★ Das Bild gefällt mir.　私はその絵が気に入った.

31 gehen 👉 行く，歩く

go

A: Wohin gehst du?

B: Ich gehe zur Bibliothek.

A: どこへ行くの？

B: 図書館に行くんだ.

現在人称変化		3基本形
ich gehe	wir gehen	gehen
du gehst	ihr geht	ging
er geht	sie gehen	ist ... gegangen
Sie gehen		

★ Wie geht es Ihnen?　お元気ですか？

32 gehören 👉 ～のものである

belong

A: Wem gehört die Jacke hier?

B: Sie gehört mir.

A: この上着は誰のものですか？

B: 私のです.

現在人称変化		3基本形
ich gehöre	wir gehören	gehören
du gehörst	ihr gehört	gehörte
er gehört	sie gehören	hat ... gehört
Sie gehören		

★ Das Institut gehört zur Universität.　その研究所は大学の付属です.

33 glauben 👉 思う，信じる
think, believe

A: Glaubst du, dass er heute kommt?
B: Nein, das glaube ich nicht.

A: 彼がきょう来ると思う？
B: いいえ、そうは思わない.

現在人称変化		3基本形
ich glaube	wir glauben	glauben
du glaubst	ihr glaubt	glaubte
er glaubt	sie glauben	hat ... geglaubt
Sie glauben		

★ Ich glaube dir. 君の言うとおりだ.

34 haben 👉 持っている
have

A: Haben Sie Kinder?
B: Ja, eine Tochter und einen Sohn.

A: お子さんはいらっしゃいますか？
B: はい、娘と息子がいます.

現在人称変化		3基本形
ich habe	wir haben	haben
du hast	ihr habt	hatte
er hat	sie haben	hat ... gehabt
Sie haben		

★ Hast du heute Zeit? 今日、時間がある？

35 halten 👉 停まる，持っている，評価する
hold

A: Hält dieser Zug am Ostbahnhof?
B: Nein, nur am Hauptbahnhof.

A: この列車は東駅で停まりますか？
B: いいえ、中央駅にしか停まりません.

現在人称変化		3基本形
ich halte	wir halten	halten
du hältst	ihr haltet	hielt
er hält	sie halten	hat ... gehalten
Sie halten		

★ e Haltestelle 停留所

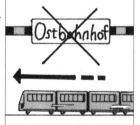

36 heißen 👉 ～という名である，意味する
be called, mean

A: Wie heißen Sie?
B: Ich heiße Takashi Miura.

A: お名前は？
B: 三浦隆です.

現在人称変化		3基本形
ich heiße	wir heißen	heißen
du heißt	ihr heißt	hieß
er heißt	sie heißen	hat ... geheißen
Sie heißen		

★ Wie heißt *neko* auf Deutsch? 猫はドイツ語で何といいますか？

37 helfen 👉 助ける
help

A: Kannst du mir bitte helfen?
B: Ja, ich helfe dir gern.

A: 手伝ってもらえるかな？
B: いいよ、喜んで手伝うよ.

現在人称変化		3基本形
ich helfe	wir helfen	helfen
du hilfst	ihr helft	half
er hilft	sie helfen	hat ... geholfen
Sie helfen		

★ e Hilfe　手伝い、救助

38 hoffen 👉 望む，期待する
hope

A: Ich hoffe, dass das Wetter morgen schön wird.
B: Ja, das hoffe ich auch.

A: あしたは天気が良くなるといいな.
B: そうね、そうだといいね.

現在人称変化		3基本形
ich hoffe	wir hoffen	hoffen
du hoffst	ihr hofft	hoffte
er hofft	sie hoffen	hat ... gehofft
Sie hoffen		

★ e Hoffnung　希望

39 hören 👉 聞く
hear

A: Hörst du gern Musik?
B: Ja, besonders Jazz.

A: 音楽を聴くのは好きですか？
B: ええ、とくにジャズが.

現在人称変化		3基本形
ich höre	wir hören	hören
du hörst	ihr hört	hörte
er hört	sie hören	hat ... gehört
Sie hören		

★ Mein Opa hört nicht gut.　祖父は耳が遠い.

40 interessieren 👉 関心を起こさせる
interest

A: Interessierst du dich für Autos?
B: Ja, sehr. Ich studiere Maschinenbau.

A: 車に興味はある？
B: うん、とても. 機械工学を専攻しているんだ.

現在人称変化		3基本形
ich interessiere	wir interessieren	interessieren
du interessierst	ihr interessiert	interessierte
er interessiert	sie interessieren	hat ... interessiert
Sie interessieren		

★ interessant　興味深い、面白い

41 kaufen 買う
buy

A: Wo hast du das Sofa gekauft?
B: Das habe ich bei IKEA gekauft.

A: ソファーをどこで買ったの？
B: イケアで買いました.

現在人称変化		3基本形
ich kaufe	wir kaufen	kaufen
du kaufst	ihr kauft	kaufte
er kauft	sie kaufen	hat ... gekauft
Sie kaufen		

★ s Kaufhaus デパート

42 kennen 知っている
know

A: Kennen Sie ihn?
B: Ja, das ist Herr Tanaka aus Japan.

A: 彼をご存じですか？
B: はい、日本からお越しの田中さんですね.

現在人称変化		3基本形
ich kenne	wir kennen	kennen
du kennst	ihr kennt	kannte
er kennt	sie kennen	hat ... gekannt
Sie kennen		

★ Kenntnisse pl 知識

43 kochen 料理する
cook

A: Was kochen wir heute Abend?
B: Schnitzel mit Kartoffelsalat.

A: 晩ごはんは何にしようか？
B: カツレツとポテトサラダにしよう.

現在人称変化		3基本形
ich koche	wir kochen	kochen
du kochst	ihr kocht	kochte
er kocht	sie kochen	hat ... gekocht
Sie kochen		

★ e Küche キッチン

44 kommen 来る
come

A: Woher kommen Sie?
B: Ich komme aus Japan.

A: ご出身はどちらですか？
B: 日本から来ました.

現在人称変化		3基本形
ich komme	wir kommen	kommen
du kommst	ihr kommt	kam
er kommt	sie kommen	ist ... gekommen
Sie kommen		

★ Er kommt oft zu spät. 彼はよく遅刻する.

45 kosten 👉 値段が〜である   *cost*

A: Wie viel kostet das T-Shirt?
B: Es kostet 18 Euro.

A: このTシャツはいくらですか？
B: 18ユーロです.

現在人称変化		3基本形
es kostet	sie kosten	kosten
		kostete
		hat ... gekostet

★ Kosten *pl*　費用

---

46 lassen 👉 そのままにしておく   *leave*

A: Sollen wir das Gepäck mitnehmen?
B: Nein, das können Sie im Zimmer lassen.

A: 私たちは荷物を持ってい
　 くほうがいいですか？
B: いいえ、部屋に置いていっ
　 ていいですよ.

現在人称変化		3基本形
ich lasse	wir lassen	lassen
du lässt	ihr lasst	ließ
er lässt	sie lassen	hat ... gelassen
	Sie lassen	

★ Lass das bitte!　やめて！

---

47 laufen 👉 走る，歩く   *run, walk*

A: Frau Shibuya läuft Marathon.
B: Ich weiß. Sie trainiert jedes Wochenende.

A: 渋谷さんはマラソンを
　 やってるんだよ.
B: 知ってる．毎週末トレ
　 ーニングしてるよ.

現在人称変化		3基本形
ich laufe	wir laufen	laufen
du läufst	ihr lauft	lief
er läuft	sie laufen	ist ... gelaufen
	Sie laufen	

★ Ski laufen　スキーをする

---

48 leben 👉 暮らす，生きている   *live*

A: Meine Schwester lebt in der Schweiz.
B: Wo denn?
A: In Zürich.

A: 私の妹はスイスに住んで
　 います.
B: どの辺り？
A: チューリヒです.

現在人称変化		3基本形
ich lebe	wir leben	leben
du lebst	ihr lebt	lebte
er lebt	sie leben	hat ... gelebt
	Sie leben	

★ s Leben　生活、生命、人生

49 legen 👉 横たえる，置く

lay, put

A: Wohin soll ich die Zeitung legen?　A: どこに新聞を置いたらいいかな？

B: Leg sie bitte auf den Tisch!　B: テーブルの上に置いて.

現在人称変化		3基本形
ich lege	wir legen	legen
du legst	ihr legt	legte
er legt	sie legen	hat ... gelegt
Sie legen		

★ sich (4格) aufs Sofa legen　ソファーに横になる

50 lernen 👉 学ぶ

learn

A: Ich lerne Deutsch.　A: 私はドイツ語を習っています.

B: Macht es dir Spaß?　B: 楽しいですか？

A: Ja, sehr.　A: ええ、とても.

現在人称変化		3基本形
ich lerne	wir lernen	lernen
du lernst	ihr lernt	lernte
er lernt	sie lernen	hat ... gelernt
Sie lernen		

★ kennenlernen　知り合いになる

51 lesen 👉 読む，読書する

read

A: Was liest du da?　A: そこで何を読んでいるの？

B: Ich lese einen Krimi.　B: ミステリーを読んでいるんだ.

現在人称変化		3基本形
ich lese	wir lesen	lesen
du liest	ihr lest	las
er liest	sie lesen	hat ... gelesen
Sie lesen		

★ r Leser　読者

52 lieben 👉 愛する，大好きだ

love

A: Ich liebe Katzen.　A: 猫が大好きなんだ.

B: Ich mag Hunde lieber.　B: 私は犬のほうが好きだな.

現在人称変化		3基本形
ich liebe	wir lieben	lieben
du liebst	ihr liebt	liebte
er liebt	sie lieben	hat ... geliebt
Sie lieben		

★ e Liebe　愛、恋

53 liegen ☞ 横になっている，ある *lie*

A: Wo ist die Zeitung?

B: Sie liegt auf dem Esstisch.

A: 新聞はどこにある？

B: 食卓の上にあります．

現在人称変化		3基本形
ich liege	wir liegen	liegen
du liegst	ihr liegt	lag
er liegt	sie liegen	hat ... gelegen
Sie liegen		

★ Hamburg liegt in Norddeutschland.　ハンブルクは北ドイツにある．

54 machen ☞ つくる，する *make, do*

A: Was machst du heute Abend?

B: Ich gehe ins Kino.

A: 今日の夜、君は何をするの？

B: 映画に行く．

現在人称変化		3基本形
ich mache	wir machen	machen
du machst	ihr macht	machte
er macht	sie machen	hat ... gemacht
Sie machen		

★ Das macht nichts.　かまいません．

55 meinen ☞ 思う，言う *mean, think*

A: Sollen wir einen Wagen kaufen?
　Was meinst du?

B: Ja, ein Auto ist sicher praktisch.

A: 車を買ったほうがいいかな？
　どう思う？

B: そうね、車があるときっと便
　利だね．

現在人称変化		3基本形
ich meine	wir meinen	meinen
du meinst	ihr meint	meinte
er meint	sie meinen	hat ... gemeint
Sie meinen		

★ e Meinung　意見

56 nehmen ☞ 取る *take*

A: Ich nehme ein Bier. Was nimmst du?

B: Ich nehme einen Orangensaft.

A: ぼくはビールを注文する．
　君は何にする？

B: オレンジジュースにする．

現在人称変化		3基本形
ich nehme	wir nehmen	nehmen
du nimmst	ihr nehmt	nahm
er nimmt	sie nehmen	hat ... genommen
Sie nehmen		

★ ein Taxi nehmen　タクシーに乗る

57　öffnen 👉 開ける，開く
open

A: Um wie viel Uhr öffnen die Geschäfte?　A: 店は何時に開きますか？

B: Um neun Uhr.　B: 9時です．

現在人称変化		3基本形
ich öffne	wir öffnen	öffnen
du öffnest	ihr öffnet	öffnete
er öffnet	sie öffnen	hat ... geöffnet
Sie öffnen		

★ das Fenster öffnen　窓を開ける

58　reisen 👉 旅行する
travel

A: Reist du gern?　A: 旅行をするのは好きですか？

B: Ja, Reisen ist mein Hobby.　B: はい、旅行が趣味です．

現在人称変化		3基本形
ich reise	wir reisen	reisen
du reist	ihr reist	reiste
er reist	sie reisen	ist ... gereist
Sie reisen		

★ e Reise　旅行

59　sagen 👉 言う
say

A: Was hat er gesagt?　A: 彼は何と言ったの？

B: Er hat gesagt, dass er morgen kommen wird.　B: あした来るつもりだと言っていた．

現在人称変化		3基本形
ich sage	wir sagen	sagen
du sagst	ihr sagt	sagte
er sagt	sie sagen	hat ... gesagt
Sie sagen		

★ Wie sagt man das auf Deutsch?　それはドイツ語でどう言いますか？

60　schenken 👉 贈る
present

A: Was schenkst du deinem Vater zum Geburtstag?　A: お父さんの誕生日祝いに何をあげるの？

B: Ich schenke ihm ein Buch.　B: 本を贈るよ．

現在人称変化		3基本形
ich schenke	wir schenken	schenken
du schenkst	ihr schenkt	schenkte
er schenkt	sie schenken	hat ... geschenkt
Sie schenken		

★ s Geschenk　プレゼント

61 schicken 👉 送る
send

A: An wen schickst du die Karte?　A: そのハガキは誰宛て？

B: An meine Großeltern.　B: 祖父母宛てだ.

現在人称変化		3基本形
ich schicke	wir schicken	schicken
du schickst	ihr schickt	schickte
er schickt	sie schicken	hat ... geschickt
Sie schicken		

★ eine E-Mail schicken　メールを送る

62 schlafen 👉 寝ている
sleep

A: Schläft Georg noch?　A: ゲーオルクはまだ寝ているの？

B: Nein, er ist schon aufgestanden.　B: いや、もう起きているよ.

現在人称変化		3基本形
ich schlafe	wir schlafen	schlafen
du schläfst	ihr schlaft	schlief
er schläft	sie schlafen	hat ... geschlafen
Sie schlafen		

★ s Schlafzimmer　寝室

63 schließen 👉 閉める，閉まる
close, shut

A: Wann schließt die Bibliothek?　A: 図書館はいつ閉まりますか？

B: Um zehn.　B: 10時です.

現在人称変化		3基本形
ich schließe	wir schließen	schließen
du schließt	ihr schließt	schloss
er schließt	sie schließen	hat ... geschlossen
Sie schließen		

★ die Tür schließen　ドアを閉める

64 schreiben 👉 書く
write

A: Was schreibst du?　A: 何を書いているの？

B: Ich schreibe einen Bericht.　B: レポートを書いている.

現在人称変化		3基本形
ich schreibe	wir schreiben	schreiben
du schreibst	ihr schreibt	schrieb
er schreibt	sie schreiben	hat ... geschrieben
Sie schreiben		

★ einen Brief schreiben　手紙を書く

65 sehen 👉 見る，会う

see

A: Siehst du die Kirche dort?

B: Ja, das ist der Dom.

A: あそこの教会が見える？

B: ああ、あれが大聖堂だ.

現在人称変化		3基本形
ich sehe	wir sehen	sehen
du siehst	ihr seht	sah
er sieht	sie sehen	hat ... gesehen
Sie sehen		

★ Ich sehe ihn morgen. 彼に明日会います.

66 sein 👉 いる，ある，である

be

A: Wer ist das?

B: Das ist Frau Klein.

A: こちらはどなたですか？

B: クラインさんです.

現在人称変化		3基本形
ich bin	wir sind	sein
du bist	ihr seid	war
er ist	sie sind	ist ... gewesen
Sie sind		

★ Wo ist bitte der Bahnhof? 駅はどこですか.

67 setzen 👉 座らせる

sit down

A: Bitte setzen Sie sich!

B: Danke schön.

A: どうぞお座りください！

B: ありがとうございます.

現在人称変化		3基本形
ich setze	wir setzen	setzen
du setzt	ihr setzt	setzte
er setzt	sie setzen	hat ... gesetzt
Sie setzen		

★ Sie setzt das Kind auf den Stuhl. 彼女は子どもを椅子に座らせる.

68 sitzen 👉 座っている

sit

A: Wo ist Peter?

B: Er sitzt auf der Bank dort drüben.

A: ペーターはどこ？

B: あそこのベンチに座っているよ.

現在人称変化		3基本形
ich sitze	wir sitzen	sitzen
du sitzt	ihr sitzt	saß
er sitzt	sie sitzen	hat ... gesessen
Sie sitzen		

★ e Sitzung 会議

69 spielen 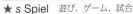 遊ぶ，（スポーツを）する，演奏する　　*play*

A: Machst du Sport?
B: Ja, ich spiele Fußball.

A: 君は何かスポーツをしますか？
B: ええ、サッカーをします．

現在人称変化		3基本形
ich spiele	wir spielen	spielen
du spielst	ihr spielt	spielte
er spielt	sie spielen	hat ... gespielt
Sie spielen		

★ s Spiel　遊び、ゲーム、試合

70 sprechen 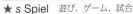 話す　　*speak*

A: Sprichst du Französisch?
B: Ja, ein bisschen.

A: フランス語が話せる？
B: うん、少しね．

現在人称変化		3基本形
ich spreche	wir sprechen	sprechen
du sprichst	ihr sprecht	sprach
er spricht	sie sprechen	hat ... gesprochen
Sie sprechen		

★ e Sprache　言葉、言語

71 stehen 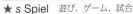 立っている，ある　　*stand*

A: Wo ist das Bier?
B: Das Bier steht im Kühlschrank.

A: ビールはどこにある？
B: 冷蔵庫の中にあるよ．

現在人称変化		3基本形
ich stehe	wir stehen	stehen
du stehst	ihr steht	stand
er steht	sie stehen	hat ... gestanden
Sie stehen		

★ Wer steht dort?　あそこに立っているのは誰？

72 stellen 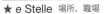 立たせる，置く　　*put*

A: Wohin soll ich den Wagen stellen?
B: Stellen Sie ihn vor das Haus!

A: 車はどこに置けばいいですか？
B: 家の前に置いてください！

現在人称変化		3基本形
ich stelle	wir stellen	stellen
du stellst	ihr stellt	stellte
er stellt	sie stellen	hat ... gestellt
Sie stellen		

★ e Stelle　場所、職場

73　studieren　☞ 大学で学ぶ

study

A: Was studierst du?
B: Ich studiere Architektur.

A: 君は大学で何を専攻しているの？
B: 建築だよ.

現在人称変化		3基本形
ich studiere	wir studieren	studieren
du studierst	ihr studiert	studierte
er studiert	sie studieren	hat ... studiert
	Sie studieren	

★ r Student / e Studentin　大学生

74　suchen　☞ 探す, 捜す

seek, search

A: Suchst du etwas?
B: Ja, ich suche meine Brille.

A: 何かさがしているの？
B: うん、眼鏡をさがしているんだ.

現在人称変化		3基本形
ich suche	wir suchen	suchen
du suchst	ihr sucht	suchte
er sucht	sie suchen	hat ... gesucht
	Sie suchen	

★ e Suche　探すこと、検索

75　tragen　☞ 運ぶ, 身に着けている

carry, wear

A: Soll ich Ihren Koffer tragen?
B: Oh, das ist sehr nett von Ihnen.

A: あなたのスーツケースを持ちましょうか？
B: おや、それはどうもご親切に.

現在人称変化		3基本形
ich trage	wir tragen	tragen
du trägst	ihr tragt	trug
er trägt	sie tragen	hat ... getragen
	Sie tragen	

★ eine Brille tragen　眼鏡をかけている

76　treffen　☞ 会う, 当たる

meet, hit

A: Wann triffst du Peter?
B: Ich treffe ihn morgen.

A: ペーターにいつ会うの？
B: あした会うよ.

現在人称変化		3基本形
ich treffe	wir treffen	treffen
du triffst	ihr trefft	traf
er trifft	sie treffen	hat ... getroffen
	Sie treffen	

★ s Treffen　会合

77 trinken 👉 飲む

drink

A: Was trinken Sie, Kaffee oder Tee?
B: Kaffee, bitte!

A: 何を飲みますか、コーヒー、それとも紅茶？
B: コーヒーをお願いします.

現在人称変化		3基本形
ich trinke	wir trinken	trinken
du trinkst	ihr trinkt	trank
er trinkt	sie trinken	hat ... getrunken
Sie trinken		

★ s Getränk　飲み物

78 vergessen 👉 忘れる

forget

A: Wie heißt er?
B: Tut mir leid, ich habe seinen Namen vergessen.

A: 彼は何という名前ですか？
B: あいにく名前を忘れてしまいました.

現在人称変化		3基本形
ich vergesse	wir vergessen	vergessen
du vergisst	ihr vergesst	vergaß
er vergisst	sie vergessen	hat ... vergessen
Sie vergessen		

★ vergesslich　忘れっぽい

79 verstehen 👉 理解する

understand

A: Haben Sie das verstanden?
B: Nein, bitte erklären Sie es mir noch einmal!

A: お分かりいただけましたか？
B: いいえ、もう一度説明してください！

現在人称変化		3基本形
ich verstehe	wir verstehen	verstehen
du verstehst	ihr versteht	verstand
er versteht	sie verstehen	hat ... verstanden
Sie verstehen		

★ missverstehen　誤解する

80 versuchen 👉 試みる

try

A: Komm morgen bitte pünktlich!
B: Ja, ich werde es versuchen.

A: 明日は時間通りに来てよ.
B: うん、何とかやってみるよ.

現在人称変化		3基本形
ich versuche	wir versuchen	versuchen
du versuchst	ihr versucht	versuchte
er versucht	sie versuchen	hat ... versucht
Sie versuchen		

★ r Versuch　試み、実験

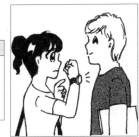

81 vorstellen 👉 紹介する，想像する

introduce, imagine

A: Darf ich vorstellen: Das ist Herr Weber.

B: Freut mich!

A: 紹介させてください、こちらはヴェーバーさんです.

B: よろしく！

現在人称変化		3基本形
ich stelle ... vor	wir stellen ... vor	vorstellen
du stellst ... vor	ihr stellt ... vor	stellte ... vor
er stellt ... vor	sie stellen ... vor	hat ... vorgestellt
Sie stellen ... vor		

★ e Vorstellung　紹介、想像、上演、上映

---

82 warten 👉 待つ

wait

A: Wo wartest du auf mich?

B: Vor dem Kino.

A: どこで待っていてくれる？

B: 映画館の前.

現在人称変化		3基本形
ich warte	wir warten	warten
du wartest	ihr wartet	wartete
er wartet	sie warten	hat ... gewartet
Sie warten		

★ e Warteliste　ウェイティングリスト

---

83 waschen 👉 洗う

wash

A: Wo kann ich meine Hände waschen?

B: Gleich dort im Bad.

A: 手はどこで洗えますか？

B: すぐそこの浴室でどうぞ.

現在人称変化		3基本形
ich wasche	wir waschen	waschen
du wäschst	ihr wascht	wusch
er wäscht	sie waschen	hat ... gewaschen
Sie waschen		

★ e Waschmaschine　洗濯機

---

84 werden 👉 なる

become

A: Was wirst du später?

B: Ich werde vielleicht Ingenieur.

A: 将来、何になる？

B: エンジニアかもしれない.

現在人称変化		3基本形
ich werde	wir werden	werden
du wirst	ihr werdet	wurde
er wird	sie werden	ist ... geworden
Sie werden		

★ Das Wetter wird schön.　天気はよくなる.

85 | wissen 👉 知っている，分かっている | *know*

A: Weißt du, wie er heißt?
B: Er heißt Axel Bergmann.

A: 彼の名前を知っている？
B: アクセル・ベルクマンというんだ.

現在人称変化		3基本形
ich weiß	wir wissen	wissen
du weißt	ihr wisst	wusste
er weiß	sie wissen	hat ... gewusst
Sie wissen		

★ *e* Wissenschaft　学問、科学

86 | wohnen 👉 住んでいる | *live*

A: Wo wohnst du?
B: Ich wohne in Tokyo.

A: 君はどこに住んでいるの？
B: 東京に住んでいる.

現在人称変化		3基本形
ich wohne	wir wohnen	wohnen
du wohnst	ihr wohnt	wohnte
er wohnt	sie wohnen	hat ... gewohnt
Sie wohnen		

★ *e* Wohnung　住まい

87 | wünschen 👉 望む，願う | *wish*

A: Was wünschst du dir zu Weihnachten?
B: Ich wünsche mir ein neues Fahrrad.

A: クリスマスプレゼントは何がほしい？
B: 新しい自転車がほしい.

現在人称変化		3基本形
ich wünsche	wir wünschen	wünschen
du wünschst	ihr wünscht	wünschte
er wünscht	sie wünschen	hat ... gewünscht
Sie wünschen		

★ *r* Wunsch　願い、希望

88 | zeigen 👉 見せる，教える | *show*

A: Zeigst du mir bitte, wie man das macht?
B: Ja, gern.

A: これはどうやるのか、教えてくれないか？
B: うん、いいよ.

現在人称変化		3基本形
ich zeige	wir zeigen	zeigen
du zeigst	ihr zeigt	zeigte
er zeigt	sie zeigen	hat ... gezeigt
Sie zeigen		

★ *r* Zeigefinger　人差し指